KB107601

왜 스미스 여사는
내 신경을
긁을까?

왜 스미스 여사는 내 신경을 긁을까?

애니 페이슨 콜 지음 | 원성완 옮김

일상에서의
소소한 자유를 향한
여정

디오니소스
프로젝트

책읽는귀족은
『왜 스미스 여사는 내 신경을 긁을까?(Nerves and Common Sense)』를
열아홉 번째 주자로 '디오니소스 프로젝트'를 이어간다.
'디오니소스'는 니체에게 이성의 상징인
아폴론적인 것과 대척되는 감성을 상징한다.
'디오니소스 프로젝트'는 고대 그리스 신화에서는
축제의 신이기도 한 디오니소스의 특성을
상징적으로 담아내려는 시도로,
우리의 창조적 정신을 자극하는 책들을 중심으로
디오니소스적 세계관에 의한, 디오니소스적 앎을 향한
출판의 축제를 한 판 벌이고자 한다.
니체는 디오니소스를 통해
세상을 해방시키는 축제에 경탄을 쏟았고,
고정관념의 틀을 깨뜨릴 수 있는 존재로
디오니소스를 상징화했다.
자기 해체를 통해 스스로를 극복하는 존재의 상징이기도 한
디오니소스는 헤르만 헤세의
"새는 알에서 나오려고 발버둥 친다. 알은 새의 세계다.
태어나려고 하는 자는 하나의 세계를 파괴해야 한다"는
의미와 맞닿아 있다.
이제 여러분을 '디오니소스의 서재'로 초대한다.

행복하고 똑똑한 조랑말이 되기 위해서

책읽는귀족의 디오니소스 프로젝트의 하나인 『휴식의 철학』이 많은 독자에게 사랑을 받고 나서 애니 페이슨 콜 작가에게 더 관심이 생겼다. 그러던 차, 원성완 번역자님이 이 책 『왜 스미스 여사는 내 신경을 긁을까』(Nerves and Common Sense)를 추천해주어 애니 페이슨 콜의 좋은 작품을 다시 국내에 처음으로 소개하게 되었다. 기쁘고 보람이 있다. 이 책 역시도 애니 페이슨 콜 여사의 주된 관심사인 '휴식'과 '이완'에 초점이 맞혀져 있다. 그리고 제대로 된 휴식을 하기 위해선 '긴장하는 습관'에서 자유로워지라는 상식적이지만, 소중한 메시지를 담았다. 특히 저자는 우리의 '신경'을 속박하는 긴장에서 우리가 제대로 휴식하지 못하는 원인을 찾는다.

특히 기억에 남는 부분은 다음과 같다.

몇몇 여인들이 여고생들의 농구경기를 관전하고 있었다. 휴식시간에 한 여성이 다른 이들에게 이렇게 말했다.

"얘, 저기 등대고 누워있는 애 말이야. 무거운 모래주머니처럼 생기지 않았니?"

"맞아. 이렇게 날이 좋은데 쟤는 그동안 도대체 뭘 했기에 저렇게 살찌고 둔해 보일까?"

첫 번째 앉아있던 여자가 웃으며 이렇게 말했다.

"자, 이제 걔가 경기하는 걸 봐."

그들은 기다렸다가 그 여자아이가 경기하는 것을 지켜보았다. 예상외로, 휴식시간에 바닥에 등을 기대고 누워있던 '게으르고 둔해 보이는' 학생이 선수 중 가장 활동적이었으며, 경기를 승리로 이끌었다. 그들은 놀라움을 금치 못했다.

경기가 끝났을 때, 여자들은 놀란 목소리로 "너는 어떻게 그 애가 잘할지 알았어?"라고 물었다. 그 여자는 "나는 저 애를 알아. 그리고 우린 같이 키플링이 쓴 『물타 고양이』 이야기를 읽었지. 그 이야기에서 나온 제일 잘 뛰는 조랑말 기억나? 걔들은 일이 끝나면, 머리를 축 떨어뜨리고 완전히 기진맥진해 보이거든. 그게 사실은 뛰어야 할 때가 왔을 때 힘을 발휘하려고 그러는 거잖아. 기다리는 동안 머리를 치켜들고, 발을 동동 구르는 어리석은 말들을 물타 고양이가 어떻게 쫓아갔겠어? 그 이야기의 결론, 기억하지 않아?"

　이 이야기에서 "그 여학생은 휴식을 취할 시간이 왔을 때 수동적인 상태로 쉴 수 있어야 다음 활동에서 더 기민하고 힘차게 행동할 수 있다는 법칙을 알았던 거다. 똑똑한 조랑말은 그것을 당연한 것으로 알고 있었다. 그러나 우리는 그것을 애써 발견해야만 한다"라고 이어지는 부분이 더 기억에 남는다.

　특별히 이 부분에서 책읽는귀족의 디오니소스 프로젝트의 초기에 번역되어 출판된 『미쳤거나 천재거나』의 천재에 관련한 이야기가 문득 떠오른다. 천재가 일상생활에서 다소 어눌하거나 실수를 많이 하는 것은 자신이 몰두할 곳에 전력을 다하기 위해서가 아닐까.

　일반 사람들도 자신의 한정된 에너지를 더 효과적으로 발휘하려면 평소에 긴장을 푸는 방법을 알아둬야 할 것 같다. 그래야 필요할 때 다들 '제일 잘 뛰는 조랑말'이 될 수 있을 테니까.

친구여, 긴장을 내려놓아야 건강하게 오래 살 수 있다네!

　　　● 현대인들은 너무나 매일 바쁘게 종종거리며 살고 있다. 그러나 이런 습관이 자신의 생명을 갉아먹고 있다는 걸 아는 사람은 드물다. 이 책 『왜 스미스 여사는 내 신경을 긁을까』

를 통해서 우리는 잘 알고 있지만, 중요하게 생각하지 않는 '휴식의 유용함'을 다시 한번 깨달아야 할 것이다.

　이 책에서 말하는 긴장하는 습관만 버려도 우리는 별 탈 없이 오래오래 건강하게 잘 살 수도 있을 거 같다. 애니 페이슨 콜은 일찍부터 통찰력을 발휘하여 인간의 건강을 가장 위협하는 게 뭔지 알아차렸다. 그리고 그 시대나 지금이나 시공간은 다르지만, 인간에게 가장 필요한 게 '휴식'이라는 건 변함없는 진리인 듯하다. 그래서 고전의 향기는 그 가치가 시간이 지나도 빛을 잃어버리지 않는가 보다.

　이 책에서 주장하는 것처럼, 아무리 눈앞에 물이 넘어가는 일이 생기더라도 우리는 긴장을 내려놓는 습관을 익혀야 한다. 나도 지천명을 바라보는 나이까지 살아보니, 애니 페이슨 콜이 말하는 한 마디, 한 마디에 고개가 크게 끄덕여졌다. 사실 이 책에는 내가 몇 년 전부터 터득한 삶의 원리들이 많이 담겨져 있었다. 다행스럽게도 나는 이 소중한 원리들을 상당 부분 실천하는 중이다. 그래서 몇 년째 감기한 번 안 걸리고, 건강을 유지하고 있는지도 모르겠다.

　'내일 지구가 멸망한다고 하더라도 오늘 나는 사과나무를 심겠다'라는 말이 있다. 스피노자가 한 말이다. 이 말의 원래 뜻은 어떤 일이 닥친다고 하더라도 자기 삶의 원칙대로 살겠다는 것이다. 나는 조금은 또 다르게 이 말을 쓰고 싶다. 내일 지구가 멸망하더라도 오늘 사과나무를 심는 '마음의 여유'를 가지겠다는 의미로 말이다. 아무리 눈앞에 해결해야 할 문제들이 산더미처럼 쌓인 현대인들도 순간순간 여유를 갖고 그 일에서 벗어나 긴장을 푸는 습관이 중요하다.

　사실 내 건강이 나빠지고, 생명에 위협이 온다면 그 모든 것이 무슨 의미가 있겠는가. 아무것도 중요하지 않다. 자기가 사라지고 나면 세상도 없다. 그렇기에 애니 페이슨 콜 여사의 충고는 정말 귀담아들어야 한다. 그래서 이 책을 기획하게 되었다. 많은 사람이 정작 소중한 것들을 놓치고 사는 게 아닌가 싶어서.

　이 세상을 같이 살아가는 동시대의 친구여. 우리는 모두가 친구다. 나는 친구들이 모두 건강하고 편하게 살기를 희망한다. 다들 이 책으로 잊고 있던 자신의 소중함을 찾을 수 있기를 바란다. 그리고 어디서나 있을법한, 우리와 함께하는 '스미스 여사'가 왜 우리의 신경을 긁어대는지, 그 이유가 무엇인지도 알게 되기를. 애니 페이슨 콜이 전하는 메시지를 보면 그 답을 알 수 있다. 그러면 이제 회사든, 학교든, 어디서든 우리의 신경을 긁어대는 사람들에 대한 대처가 아주 쉬워진다. 그래서 더 건강한 신경을 가질 수 있을 것이다. 더불어 행복해질 거다.

2019년
10월의 어느 아름다운 날,
파주 작업실에서

조선우

Contents

기획자의 말 행복하고 똑똑한 조랑말이 되기 위해서　　005

01　긴장하는 습관을 치유하려면　　015

02　긴장을 피하는 방법　　018

03　내가 얼마나 서두르고 있는지 모를걸?　　031

04　왜 스미스 여사가 내 신경을 긁을까?　　043

05　까다로운 가족　　055

06　성마른 남편　　066

07　고요함을 위한 처방전　　078

08　피로의 늪에서 벗어나는 법　　087

09　어떻게 병들고, 어떻게 건강을 회복할까?　　093

10　여자아이에게 체육이 좋은 걸까?　　100

11　쉬듯이 일하기　　114

12　상상으로 다녀오는 휴가　　123

13　옆자리에 있는 여자　　131

14　전화하기　　136

15 얘기하지 마라 141

16 내가 먹는 것에 당신이 호들갑 떠는 이유는? 148

17 위장에 대하여 159

18 얼굴에 대하여 165

19 목소리에 대하여 170

20 놀람에 대하여 176

21 반대의 법칙 182

22 머리가 좋아야 손발이 고생하지 않는다 188

23 서두르지 마라 194

24 병든 사람 간호하기 200

25 질병의 습관 206

26 무엇이 나를 불안하게 하는가 216

27 성격의 문제 229

28 인간 먼지 241

29 일상의 평범한 상식 254

30 요약 266

옮긴이의 말 우리 삶의 여러 단편을 모자이크처럼 보여줘 269

Nerves and Common Sense

일상에서의
소소한 자유를 향한
여정!

자유는 사랑의 기초다.
자유가 곧 인류애다.
사람이 다른 사람을 조종하려고 할 때,
그는 다른 사람을 짐승으로 취급하는 것이다.
또 자신을 조종받는 대상으로 허용하는 인간은
자신을 짐승으로 분류하는 것이다.
열린 뇌와 자유롭게 작동하는 신경계를 가지고 싶다면
우리는 자신의 자유와 타인의 자유를 존중해야 한다.
개인이 스스로 서 있을 때만이
진정 서로에게 좋은 목적을 위해
영향을 미칠 수 있기 때문이다.

건강해지기 위한
좋은 습관을
만드는 방법에
대하여

● 사람들은 긴장하는 습관을 만든다. 이러한 습관이 오랜 시간 이어지면 신경계는 균형을 잃어 신경쇠약 증세가 생기거나 심한 우울증에 빠지게 된다.

우리가 질병의 원인에 주의를 기울이고, 신경계에 부담을 주는 습관을 바꾼다면 병이 회복되기 시작하고 건강해질 수 있다. 하지만 문제를 이해하지 못한 채 그저 휴식만 취한다면 결국 다시 병들 수밖에 없다.

신경성 질환은 우리가 어떻게 긴장을 피할 수 있는지 알려주는 안내자가 될 수 있다면 충분한 가치가 있다. 그러나 신경쇠약이라는 극단적인 괴로움을 겪지 않으면서 긴장을 피하는 것이 훨씬 바람직하다.

이 책의 목적은 우리에게 해로운 습관들을 짚어내고, 실질적인 치유법을 제안하는 것이다. 이를 위해 일상의 다양한 사례를 들었다.

신경성 질환의 원인이 몸에 있지 않다면, 선천적이든 후천적이든 성격의 결함이 근본 원인이라는 데 의심의 여지가 없다. 이 사실을 인식하고 인정할 때 우리는 질병을 제거하는 바른길에 서게 된다.

사람들이 다들 고통받으면서도 자신의 나쁜 습관을 직시하길 꺼린다는 것이 문제다. 그래서 부끄러움을 직면하고 굴레에서 빠져나가는 대신, 안개 속에서 스스로 지키려 한다. 그들은 차라리 병들고 고통받기를 택할 것이다. 또 스스로 약점을 들여다보고 시인하여 건강을 회복하는 사람들에 비해, 자신이 더 건강한 성격이라고 믿을 것이다.

하지만 이러한 어리석음을 볼 수 있는 지성적인 인간은 자신의 습관을 바꾸기 위해 노력할 것이다. 그들은 이를 통해 신경쇠약에 걸린 인류에게 빛을 가져온다.

신념치료, 기독교 과학, 정신치료, 최면술, 심리상담 또는 여러 치료법에 관해 얘기할 수 있겠지만, 이는 단지 삶의 흐름을 조금 바꿔줄 뿐이다. 진실을 직시하고 나면 스스로 힘을 회복하기 위한 작업에 돌입해야 한다. 이 외에 다른 영원한 치유법은 존재하지 않는다.

자기 주도적인 태도로 힘을 회복해야 한다. 건강을 회복하기 위해서는 부단히 노력하고, 꾸준히 계속 주의해야 하며, 이는 우리에게 보상을 준다. 현재 너무나도 널리 퍼진 신경증의 문제는 전보다 더 건강하게 사는 법을 안내하는 수단이 될 수 있다. 하지만 우리는 건강을 회복하기 위해 노력해야 하며, 가만히 있으면 치유될 거라 마냥 기대하는 것을 포기해야만 한다.

02
긴장을
피하는 방법

● 어떻게 건강을 회복할지 몰라 불필요한 신경증으로 고통받는 사람들이 많다. 일례로 본인이나 가족이 건강을 회복하는 방법을 몰라 8년간 병들어 있던 여성이 있었다. 그러나 그녀는 건강을 회복하는 방법을 발견했고, 6개월 만에 건강을 회복해 현재 전보다 더 나은 삶을 살아가고 있다.

그녀가 어떻게 병들었는지 얘기하면 어떻게 다시 건강을 회복했는지도 설명할 수 있을 것이다. 어느 날 밤, 그녀는 너무나 피곤했지만 잠을 잘 수 없었다. 집에서 들려오는 여러 소음에 짜증이 났다. 한 가지 소음을 차단하고 침대로 돌아가면, 다른 소음이 들려왔다. 결국

왜 스미스 여사는 내 신경을 긁을까?

엔 잠이 완전히 깼고, 소음으로 긴장이 심해졌다. 게다가 그녀는 다른 사람들은 듣지도 못하는 사소한 소음들로 괴로워했다. 밤새 한잠도 잘 수 없었다.

다음 날, 그녀는 과로로 긴장이 더더욱 심해졌다. 단지 잠 못 이루는 밤 때문이 아니라, 낮에도 골칫거리들로 신경을 썼기 때문이다. 가족들은 그녀가 밤새 잠을 자지 못하는 것으로 스트레스를 받았다. 그래서 함께 얘기를 나누고 의사를 만나기로 했다.

이 여인은 종일 과민상태에 있었으며, 감정적으로 쉽게 상처받았다. 형제와 자매들은 그녀가 어리석고 유치한 짓을 한다고 생각했고, 이는 그녀를 더 긴장시켰다. 가족의 과잉보호와 동정심은 그녀를 더더욱 약하고, 자기중심적이며, 무지하게 만들었다. 가족들은 다시 이에 대해 걱정하고 짜증을 냈으며, 이러한 가족들의 반응은 그녀를 더더욱 신경 쓰이게 했다.

그러자 (소화계와 뇌는 매우 밀접히 연관되어 있다) 소화계에 문제가 생기기 시작했다. 신경계의 긴장으로 소화불량과 다양한 증상들이 나타났다. 그녀는 무엇을 먹는 것이 좋을지, 무엇을 먹으면 안 되는지 심히 걱정했다. 몸에 좋은 어떤 음식도 먹을 수 없었다. 간소한 음식조차 소화가 잘되지 않아 불편하다면 이는 위장의 피로 때문이다. 그리고 위장의 피로 이면에는 신경계의 긴장이 있다. 이 젊은 여성은 역겹게 느껴지는 모든 환경이나 사람들을 싫어하며 울곤 했다. 결국, 모든 가족이 그녀의 질병에 주의를 기울이며 과잉보호를 하거나 짜증을 냈다.

그녀가 계속해서 과로를 반복하고 있음을 볼 수 있는가? 잠을 이루지 못하고 계속 깨어있음에 대한 짜증, 그다음엔 소음에 대한 짜증이 올라왔다. 그 뒤엔 소음으로 밤새 깨어있는 것에 대한 짜증이 올라왔고, 이는 그녀를 귀찮게 하는 사람들에 대한 분노와 저항심이 들게 했다. 자기 자신과 주변 사람들에 의해 신경계의 이상증세가 되풀이되었다. 이는 마치 상처를 계속 문지르고 마찰을 일으키며 낫기를 바라는 것과 같다. 세상에서 가장 건강한 사람일지라도 자해를 하고, 피를 흘리며, 상처에 소금을 뿌린다면 치유가 불가능하다.

행복한 삶을 향한 여정

● 그렇다면 이제 이 젊은 여인이 어떻게 건강해졌는지 얘기해보도록 하자. 우선 그녀가 했던 일은 침대에 누워있는 동안 몸을 이완하는 매우 간단한 연습들이었다. 그녀는 팔꿈치와 손목으로 손을 느리고 느슨히 들어 올리며 손가락을 이완했다. 그리고는 손과 팔뚝을 툭 떨어뜨려 팔의 무게가 온전히 침대로 떨어질 수 있도록 놔두었다. 마치 아기가 잠에 빠져들 듯 눈을 감은 채 길고, 부드럽고, 고요히 호흡하는 데 주의를 기울였다. 이러한 연습은 꽤 이완된 느낌을 주었으며 불필요한 긴장들을 더 자각할 수 있도록 했다.

소음으로 짜증을 느낄 때, 그녀는 자신이 짜증에 반응하며 긴장한다는 점을 쉽게 알아차렸다. 그러나 연습을 마치고 나서 고요함을 되찾아 회복되었다고 느꼈을 때, 무슨 일이 벌어지거나 누군가가 신경에 거슬리는 말을 던지면 이 모든 좋은 연습들은 금세 물거품이 되었다. 다시 긴장하고 짜증을 냈다. 곧, 그녀는 다시 건강해지려면 긴장하는 습관을 내려놓는 법을 배워야 한다는 걸 받아들였다.

그러나 그녀는 또한 이보다 더 중요한 것을 배웠다. 긴장의 '원인'을 정복하지 않으면 긴장을 절대로 내려놓을 수 없을 거라는 점이었다. 그녀는 긴장의 원인이 소음, 환경, 사람들, 그리고 신경 쓰이게 만드는 모든 것들에 대한 자신의 분노와 저항 때문이라는 것을 이해했다.

그녀는 신경계를 건강하게 하고, 온전하고 행복한 삶을 향한 여정을 시작했다. 자신의 느낌을 변화시키는 작업을 시작한 것이다. 짜증 나는 소음이 들려오면, 소음에 대한 저항감을 내려놓으려 노력했다. 정신적인 저항감을 내려놓기 위해 신체의 긴장을 풀어놓는 데 주의를 기울였다. 이렇게 그녀는 일련의 실험과정에 깊이 몰입했다. 그러자 그녀는 점차 자유로워졌다. 그리고 실험이 잘 되어가는 과정을 즐겼다. 자연은 언제나 건강을 지향하며 자연을 방해하지 않는다면, 우리를 건강하게 해준다.

몸의 상처를 치료하는 것과 신경계의 자극을 치유하는 것에는 차이가 있다. 몸의 상처는 아물면 끝이다. 기능이 전과 같아진다. 그러나 초조함과 그 원인으로부터 자유로워지려 노력하는 것은 다르다. 우리를 단지 신경성 질환으로부터 자유롭게 할 뿐만 아니라, 신경계에 새로운 활력을 가져다준다. 이렇게 깊은 곳에서부터 신경계의 질환이 회복될 때 신경계는 이전보다 훨씬 더 건강해진다.

여성의 경우 신경의 긴장은 계속되는 수다로 표출된다. 말. 말. 말. 그 말들은 대부분 자기 자신, 불편함, 걱정에 대한 것이다. 혹은 자신이 더 건강해지지 못하게 되는 것들에 대한 불평들이다. 사람들이 대개 느끼는 것과는 반대로 이런 대화가 고통을 경감시켜주지는 않는다. 그것은 곧장 에너지를 낭비해버리는 길이다. 그러나 대화를 억누르려 하면 할수록 에너지 낭비는 더 심해진다. 정말로 도움이 되는 것은 말하려는 압박감을 인지하고, 고요함 속으로 느긋하게 침잠하는 것이다.

사람들은 자신이 신경성 문제로 고통받고 있다는 사실을 알아야 한다. (진실로!) 신경적 긴장의 원인은 대개 우리의 성격 구조 안에 존재한다. 우리는 상황과 사람들을 대하는 방식에서 오류를 발견할 수 있다. 또 이 오류를 직시하는 것은 신경성 질환의 요인을 없애는 첫걸음이다.

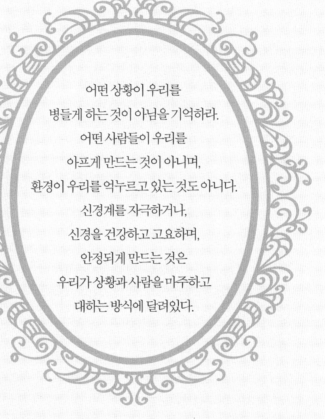

어떤 상황이 우리를
병들게 하는 것이 아님을 기억하라.
어떤 사람들이 우리를
아프게 만드는 것이 아니며,
환경이 우리를 억누르고 있는 것도 아니다.
신경계를 자극하거나,
신경을 건강하고 고요하며,
안정되게 만드는 것은
우리가 상황과 사람을 마주하고
대하는 방식에 달려있다.

두 남자 이야기

● 심각한 신경쇠약으로 슬럼프에 빠진 두 남자가 있었다. 한 사람은 자신의 환경과, 상황, 사람들에 대해 불평했다. 자기 자신을 제외하고 모든 상황과 사람이 고통의 원인이었다. 그는 끊임없는 고집과 강박으로 정신을 약하게 만들었다. 그의 건강이 조금 회복된 것은 건강을 향하는 자연의 꾸준하고 강력한 힘으로 인한 것이었지, 자신이 만든 게 아니었다.

이와는 대조적으로, 어느 남자는 잃어버렸던 힘을 되찾는 노력을 시작했다. 어느 날, 동업자가 기차역에서 나쁜 소식을 전했다. 그는 겁먹고, 저항하며 몸의 모든 신경을 곤두세우고 있기보다는 이 상황을 자신의 저항감을 모두 내려놓는 기회로 삼았다. 이 남자는 몸을 이완하는 법을 배웠다. 그리고 이완하는 연습을 반복함으로써 고요한 느낌을 되찾을 수 있었다. 나쁜 소식들에 짜증을 드러내는 대신, 저항감을 내려놓고 이완하려 노력했다.

그는 "다른 소식은 없어요?"라고 물었다. 나쁜 소식에 그가 쉽게 무너져버릴 거라고 걱정했던 동업자는 놀라움을 금치 못했다.

"예, 나쁜 소식이 몇 개 더 있어요."

"계속 말해 보세요."

동업자는 불편하고 고통스러운 소식들을 다섯 가지나 더 전했다. 이 모든 나쁜 소식에도, 그는 계속해서 자신의 저항감을 내려놓으려 노력했다.

물론 그는 저항심으로부터 자유롭기 위해 이후에도 틈틈이 이와 같은 작업을 해야만 했다. 시간이 흐르며, 이 습관은 점점 정착됐다. 그 결과, 정신이 전보다 훨씬 더 명료해졌다. 그가 회복되는 모습은 주변 사람들을 놀라게 했다. 그리고 그는 이로 인해 자신의 인생에서 가장 성공적인 사업을 할 수 있었다. 그러나 사업상의 성공은 부차적인 일이었다. 사업상의 불운이 계속된다 해도, 그의 뇌와 신경계는 명료함과 건강함을 유지했다. 자신을 힘겹게 하는 모든 것들이 그에게는 오히려 굉장한 축복이 되었다. 그가 마주한 모든 장애물은 그의 힘을 계속 향상시켜 왔기 때문이다.

이 두 남자의 이야기는 양극단을 보여주는 좋은 사례다. 첫 번째 남자는 어떻게 삶을 마주해야 하는지 몰랐다. 그에게 배움의 기회가 있었다면, 두 번째 남자처럼 할 수 있었을 것이다. 두 번째 남자는 스스로 헤쳐나가도록 불안에 대해 배우고, 필요한 작업을 해나갔다. 이 과정에서 자신을 돕는 방법을 발견했다.

하지만 자신을 쇠약하게 하는 습관이 너무 강해서 기회가 있더라도 어떻게 회복하는지 배우지 않는 사람들이 있다. 극심하게 고통받으면서도, 문제를 직면하고 고통을 해결하려 하지 않는 것은 참 이상한 일이다.

우리는 신경이 건강하길 바라면서도 자신의 방식을 고수하길 원한다. 이게 문제다. 신경이 쇠약해진 사람이 건강을 회복하는 유일한 방법은 상황이 자신의 구미에 맞지 않을 때 저항을 내려놓는 법을 배우는 것이다. 이는 신경증이 재발했던 사람들의 치유를 통해 계속해서 증명되어온 방법이다. 누군가 지금은 건강해 보이더라도, 정신과 신체의 긴장을 내려놓는 습관을 들이지 않는다면 어떻게 될까. 그들은 스스로에 대한 과잉보호, 심지어 배경에 잠재된 두려움을 느낄 것이다.

굉장히 고통스럽지만, 내부에서부터 치유되어야 하기에 열린 상태로 놔두는 상처들이 있다. 외부에서의 치유는 내면의 부패, 심지어 죽음으로 이어지기 때문이다. 이는 신경쇠약을 치유하는 데에도 적용되는 원리다. 영구적인 치료를 위해서는 반드시 그 원인부터 치유해야 한다.

신경계는 한쪽으로 영혼, 또 한편으로는 몸과 연결되어

● 앞에서 언급했던 어린 여성이 처음 했던 것은 수년간 몸을 이완하고, 고요하게 하는 연습이었다. 이에 더해 정신적인 저항감을 내려놓는 연습이 없었더라면 그녀는 고요한 느낌을 받아들일 수 없었을 것이며, 절대 건강을 회복할 수 없었다.

신체의 긴장을 내려놓는 데 꾸준히 집중하는 것은 정신적인 저항을 내려놓는 데에도 도움이 된다. 고요히 열려있는 느낌이 들 때까지 이 연습을 계속 반복해서 해야 한다. 그래야 필요할 때 언제든 고요함을 불러올 수 있을 정도로 습관이 들 수 있기 때문이다. 이렇게 반복된 시험을 거치면, 우리는 삶의 어려움을 긴장 없이 만날 수 있는 습관을 얻는다. 그러면 우리는 점차 더 큰 자유를 누릴 것이다.

신경계를 가장 고요하게 하고, 이완시키며, 힘 있게 만드는 연습은 깊고 리듬 있는 호흡과 이와 연관된 목소리 훈련이다. 목소리만큼 신경의 긴장을 드러내 주는 게 없다. 때론 모든 이완훈련의 목적이 우리가 더 잘 호흡할 수 있도록 몸을 열어주는 것에 있는 것처럼 보이기도 한다. 우리가 숨을 더 깊고 자유롭고 고요하게 쉴 때, 혈액이 잘 순환된다. 반면, 신경과 근육의 긴장은 혈액순환을 악화시킨다. 그리고 혈액순환의 문제는 신경의 긴장을 나타낸다.

신경 이상으로 고통받는 사람은 매일 아침 30분 정도 바닥에 등을 대고 누워 보자. 그러고 나서 몸을 최대한 느슨하고 무겁게 놔둔 채 부드럽고, 고요하고, 리듬감 있는 호흡을 연습하면 이완하는 데 큰 도움이 된다. 몸을 느슨하게 하면 고무 주머니가 그러한 것처럼 숨을 들이마실 때 몸이 열리고, 내쉬며 이완될 것이다. 물론, 시간이 좀 걸린다. 하지만 오랫동안 주기적으로 이 연습을 반복한다면 어떨까. 이 고요함은 원기를 회복시킨다. 또 우리는 매일 식사를 챙겨 먹듯, 이 연습을 빠뜨리지 않게 될 거다.

고요하게 휴식하고 폐가 자유롭게 숨 쉴 수 있게 놔두려면 깊은 호흡에 주의를 기울여야 한다. 호흡을 섬세하고 부드럽게 시작하는데 주의를 기울여라. 그리고 들숨과 날숨이 교차할 때 몸의 느슨함을 유지하라. 우리는 리듬이 자리 잡을 때까지 숨을 들이쉬며 셋, 다섯, 열을 세고, 같은 숫자를 세며 숨을 내쉴 수 있다. 호흡에 리듬이 잡히면 그다음에는 편안히 잠을 자듯이 숨 쉴 때 숫자를 세지 않아도 된다.

우리의 목표는 섬세함과 부드러움이다. 고요히 누워 숨 쉬는 30분의 시간을 내지 못한다면, 걷는 동안 호흡을 연습할 수 있다. 호흡의 긴장과 압박감을 발견하는 것은 너무나 좋은 일이다. 저절로 부드럽게 들어왔다 나가는 호흡을 통해 평온한 휴식이 찾아온다. 이는 활기를 북돋운다.

성급해서는 안 된다. 신경의 건강은 부침의 과정을 통해 회복된다. 우리는 기복이 찾아오는 순간, 의지를 사용해 더 나아지는 방향으로 나아가야 하는 걸 기억해야 한다. 우리가 호흡 연습을 통해 지속적인 유익함, 이득을 얻고자 한다면 어떻게 해야 할까. 시험의 순간이 왔을 때 그 상황과 사람 또는 일에 긴장하고 저항하는 방식이 아니라, 고요하고 열린 자세로 대하는 법을 배워야 한다.

처음에는 어려울 수 있다. 그러나 꾸준히 지속해 나간다면 목표에 도달하리라는 것은 확실하다. 이 연습은 전능한 신의 질서에 순응하는 법을 배우는 과정이다. 이런 배움의 과정은 신을 믿는다는 것이 어떠한 것인지에 대한 이해를 넓혀준다. 순종 없이는 믿음이 없고, 지성적인 믿음은 순종을 낳는다. 신경계는 한쪽으로 영혼, 또 한편으로는 몸과 연결되어 있다. 병든 신경계를 건강하게 하려면, 영적-신체적 법칙을 따라 몸과 영혼을 자유롭게 하는 훈련을 해나가야 한다.

요약해 보자.

당신이 신경 이상을 겪고 있고,
스스로 돕는 법을 배우려 한다면,
쉴 때 잘 쉬고, 일할 때
압박이나 긴장 없이 일하는 법을 배우도록 하라.

신경성으로 인한 근육의 긴장을 느슨하게 하는 법을 배워라.

신경 이상을 유발하는 분노, 원망, 걱정, 불안, 초조,
짜증, 자기연민 등의 정신적 저항을 내려놓는 법을 배워라.
영양가 있는 음식을 먹고, 그것을 잘 씹어 천천히 먹도록 하라.

신선한 공기를 깊고, 부드럽고, 리듬감 있게 호흡하라.

활기찬 운동을 하라.

능력이 닿는 한, 최선을 다해 일하라.

일과 다른 사람들을 위해 건강을 회복하는 과정에
온전히 주의를 기울여라.

당신은 이제 아픈 것에 불평하지 않을 것이다.

이 노력의 목표는 우리에게 생명을 준
그 어떤 힘에 대한
지성적인 믿음과 순종이다.

건강하고, 지속적인 집중은
건강한 신경의 핵심과도 같다.

03
내가 얼마나 서두르고 있는지 모를걸?

● 어떤 여자는 고요하게 앉아 아무것도 할 일이 없을 때도 마음이 분주하다. 반면, 다른 여자는 부지런히 작업하며 처리해야 할 수백 가지 일을 앞두고도 여유를 느낀다. 서두르는 느낌을 주는 것은 우리에게 주어진 일 때문이 아니다. 서두르는 느낌은 주어진 일을 하는 우리의 태도에 달려있다.

서두름은 뇌와 신경계에 굉장한 압박을 준다. 많은 사람이 이로 인해 굉장히 괴로워한다. 그들은 서두르는 느낌이 자신이 해야만 하는 일과 아무런 관련이 없다는 걸 이해하지 못해 더 고통받는다. 서두르는 느낌은 우리가 무엇을 하느냐와 아무런 관련이 없다.

하루에 할 일이 두 가지밖에 없는데도, 바쁘다는 느낌에 시달리며 고통스러워하는 여자를 만난 적이 있다. 이 두 가지 일은 각각 1시간 정도면 충분히 해낼 수 있는 일이었다. 그런데도 이 여자는 늘 휴식을 갈구했다. 직접 이 여자를 만나기 전에는 자신이 과로한다고 주장하며 휴식을 취하려는 그녀가 비정상적으로 애쓴다는 걸 알지 못했다.

이 젊은 여성은 쉬러 갔을 때조차 쉬지 못했다. 그녀는 침대에서 몇 시간을 긴장 상태로 누워있었다. 이는 건강한 여성이라도 충분히 피곤해할 만한 정도였다. 한 친구는 그녀가 너무 쉬기만 한다고 얘기했다. 그녀는 신경적으로 허약했다. 그녀는 휴식을 애원하고, 간청했다. 그러나 진실로 그녀에게 필요한 것은 일이었다. 건강을 회복하려면 일을 시작하고, 일을 계속해야 했다.

이후 그녀는 일을 시작했다. 그리고 일을 마치면 마치 작은 아이처럼 행복해했고, 늘 건강한 상태로 돌아오곤 했다. 그녀는 쉴 수 있었다. 이제 쉼에는 목적이 있었다. 건전한 일로 바쁘게 시간을 보낸 뒤, 그녀에게도 정상적인 휴식이 찾아왔다. 그녀가 스스로 일에 관심을 가질수록 자연스레 쉬는 시간은 줄어들었지만, 더 깊이 휴식할 수 있었다. 휴식을 취해야 할 이유와 필요가 생겼기 때문이다.

이전에는 아무리 휴식을 취해도 휴식이 그녀를 더 피곤하게 만들었다. 그래서 그녀는 더더욱 휴식을 원했다. 그러나 현재 그녀는 적당한 시간만 휴식을 취할 뿐이고, 그 휴식에서 활력을 얻는다. 희한한 점은, 휴식에 대한 비정상적인 갈망이 사라지자 조급한 느낌도 사라졌다는 것이다. 여성에게는 건강한 휴식 습관이 꼭 필요하다. 이 휴식은 긴장된 휴식도, 방종도 아닌 진정한 휴식이어야 한다.

긴장된 상태로 애써 휴식하며, 매일 쉬는 시간이 있어야 한다고 말하는 여성이 있다. 그녀는 여가를 즐기듯, 만사를 조용히 처리한다고 주장한다. 하지만 사실은 가족들을 혼란스럽게 하며, 스스로는 이를 자각하지 못한다. 고요하고 휴식하는 자세로 만족스럽게 앉아 있지만, 주변은 어수선하다. 그녀는 자신이 불러온 어수선함을 관찰하지 못할 만큼 자신에 관한 생각에 속고 있었다. 집안의 모든 사람은 그녀의 요구에 지쳤고, 그녀는 만성적으로 아팠다. 그러나 그녀는 자신이 평화롭게 살고 있다고 생각하며, 다른 사람들이 피곤해한다는 것에 자꾸 짜증을 냈다.

이 여인이 거짓된 고요한 태도로 얼어붙게 놔둔 내면의 소용돌이를 내보낼 수 있다면 한동안 더 아플지 모른다. 그러나 결국엔 그녀도 현실을 알아차릴 것이다. 그러면 그녀는 목적이 있는 상태에서 쉴 수 있다. 더불어 그녀의 가족도 쉴 수 있게 될 거다.

긴장이 깃든 휴식의 속임수

● 언뜻 생각하기엔 우리가 제대로 휴식을 취하지 못해 바른 휴식 습관이 절실히 필요하다는 명제가 낯설어 보일지 모른다. 그러나 한 번 더 생각해보면, 그건 너무나도 논리적인 결론이라는 걸 알 수 있다. 우리는 너무도 오랫동안 긴장된 상태로 일했다. 그리고 늘 긴장된 상태로 놀며, 긴장된 상태로 살아왔다. 긴장하는 습관이 너무나 강력한 나머지, 우리는 휴식을 취할 때조차도 긴장한다.

이런 휴식이 과연 효과가 있을까? 또 우리에게 활기를 줄 수 있을까? 여기서 우리는 무엇을 배울 수 있을까?

우리가 보았듯, 조급한 느낌은 너무나 과중한 업무와 그릇된 방식의 노동에서 온다. 그뿐만 아니라, 과도하고 그릇된 방식의 휴식에서도 존재할 수 있다. 처음 언급했던 어떤 여성에게 휴식이란, 계속 몸을 약하게 하는 과정이었다.

그녀는 서서히 무덤으로 가고 있었다. 계속 휴식을 취하기만 하면, 혈액순환이 점점 느려져 약한 장기에 질병이 생긴다. 그러나 의사는 드러나는 질병에 집중하지, 질병의 원인인 과도한 긴장에는 주의를 기울이지 않는다.

오랜 기간 우리는 '아메리카니티스'(미국인의 과잉 흥분과 신경증적 기질을 묘사한 말-옮긴이 주)에 익숙해져서 아이들도 조급한 느낌을 물려받았다. 그들은 아무것도 서두를 게 없다는 사실을 완전히 이해하고 있는데도 조급증으로 고통받는다. 남자와 여자 모두 마찬가지다. 이때 첫째로 우리가 할 일은 무엇이든, 서두름을 놓아버리는 일이다. 두 번째로는 모든 긴장을 이완하는 법을 배우는 것이다.

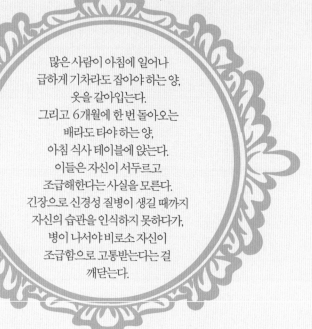

많은 사람이 아침에 일어나
급하게 기차라도 잡아야 하는 양,
옷을 갈아입는다.
그리고 6개월에 한 번 돌아오는
배라도 타야 하는 양,
아침 식사 테이블에 앉는다.
이들은 자신이 서두르고
조급해한다는 사실을 모른다.
긴장으로 신경성 질병이 생길 때까지
자신의 습관을 인식하지 못하다가,
병이 나서야 비로소 자신이
조급함으로 고통받는다는 걸
깨닫는다.

자신이 옳다는 걸 증명하기 위해 자신의 주장을 밀어붙이고 서두르며 논쟁하는 여성들을 보라. 그들은 상대방이 말할 기회를 거의 주지 않는다. 상대방이 말하는 것을 생각하고, 그것이 옳은지 그른지 멈추어 생각해보지도 않는다.

서두르는 습관은 어떻게 해서든 한 번에 많은 것들을 해내려는 충동이다. 이 습관은 우리가 말하고, 글을 쓰며, 생각할 때 튀어나온다. 고요히 작동하는 뇌를 가지고 살아가는 사람이 얼마나 있을까. 우리 대부분은 고요히 생각하고, 말하고, 살아가는 법을 잘 모른다. 서두르지 않고, 우연히 서두른다고 하더라도 이를 금세 멈출 수 있는 건강한 태도를 아는 사람은 드물다.

서두르는 습관이 뇌와 신경을 약화시키는 악영향은 아주 끔찍하다. 이건 절대로 과장하는 말이 아니다. 우리는 의지와 정신력으로 서두르는 습관을 고쳐서 고요함이라는 정상적인 습관을 들여가야 한다.

지금 해야 할 일이 아무것도 없을 때라도 마치 매우 바쁠 때처럼 조급한 느낌을 받을 수 있다. 이렇게 조급한 느낌은 우리가 무슨 일을 하느냐에 달린 것이 아니라는 점을 반복해서 얘기해야겠다.

누군가는 이렇게 물을 수 있다.

"하지만 시간이 부족하고 해야 할 일이 많은데도 압박감을 느끼지 않을 수 있나요?"

답은 "그렇다"이다. 시간에 대한 압박감을 느낄 땐, 지금 당장 하지 않아도 되는 일들을 정리하라. 이는 압박감을 해소한다.

두 가지 일이 모두 중요해 보인다면, 시간이 되는 만큼만 일하고 나머지는 남겨놔야 할 것이다. 시간이 없어서 못 하는 일에 대해 걱정한다면, 시간이 있을 때 할 수 있는 일도 못하게 된다. 그러니 결론은, 조급해할 필요가 하나도 없다는 것이다.

자연이 건강을 지향하듯 자연은 휴식을, 바른 종류의 휴식을 지향한다. 우리가 쉬는 능력을 잃어버렸다고 할지라도, 마치 해바라기가 태양을 쫓아가듯 그것을 다시 발견할 수 있다. 우리는 어떤 인위적인 것을 배우려는 게 아니다. 우리는 이미 우리 안에 있는 자연스럽고, 살아있는 무언가를 발견하려 할 뿐이다.

진정한 휴식의 힘을 발견하고자 한다면, 우리에겐 일과 휴식의 목적이 필요하다. 우리는 혈액순환이 원활히 일어날 수 있도록 근육과 신경의 긴장을 내려놓아야 한다. 그래서 몸이 열리고 고요한 상태로 놔두는 법을 배워야만 한다. 그러나 고요한 상태에서 혈액순환이 최적의 상태로 일어나리라는 것을 기대하기 전에, 우리는 순환을 돕기 위해 활동을 해야만 한다.

"여보게, 자네는 사소한 일들을 과장하지 말아야 한다네"

● 휴식하는 법을 배울 때에는 (꽤 어려운 일이긴 하지만) 모든 정신적 노력을 다 놓아버리는 것을 배우는 게 가장 중요하다. 단순하고 고요하며, 건전한 활동에 주의를 기울여 이를 성취할 수 있다. 당신이 지금 피곤하고, 조급하다고 가정해보자. 휴식을 취하고 서두르는 마음을 내려놓기 위해 30분을 사용해보자.

침대에 누워 자신을 폭풍우가 몰아친 이후의 소란스러운 호수라고 상상해보라. 폭풍우는 점차 잠잠해지고, 바람은 가라앉는다. 물결이 점차 고요해지고 물의 표면에는 잔물결만 인다. 그러다 잔물결조차 사라져 호수는 마치 유리처럼 고요해진다. 태양은 지고 있고, 하늘이 불타오르며, 황혼이 찾아온다. 별이 떠오르고, 하늘과 별들이 호수의 고요한 표면에 반사된다. 당신은 호수다. 당신은 고요해졌고, 원기를 회복했으며, 휴식을 취했다. 이제 일어나자. 전보다 일을 더 고요하고 숙달된 상태로 계속해 나갈 준비가 마쳐졌으니까.

정신을 고요하게 하는 또 다른 방법은 자신이 거친 바다의 표면에 뜬 채 누워있다고 상상하는 것이다. 그다음엔 바다의 저 깊은 바닥에 닿을 때까지 점점 아래로 가라앉는다고 생각하자. 해수면이 얼마나 거칠건, 그 아래는 언제나 완전히 고요하다. 상상으로 그곳에 내려가 보면 매우 평온해진다.

정신과 몸을 고요하게 만들기 위해 무엇을 하건, 집중하기 시작하자마자 왁자지껄한 생각들이 올라오는 것에 놀라지 말아야 한다. 우리는 그 생각들이 그저 들어오도록 놔두어야 한다. 생각이 떠오르게 놔두고, 주의를 기울이지 않으면 된다.

나는 신경성 질환으로 몸이 매우 허약해진 한 여자를 알고 있었다. 그녀는 잘 쉬기로 하고, 매일 3시간씩 휴식을 취하며 이를 행동으로 옮겼다. 그녀는 자신에게 이렇게 말했다.

"한 시간 동안 왼쪽으로, 한 시간 동안 오른쪽으로, 남은 한 시간 동안 똑바로 누워서 휴식할 거야."

그녀는 매일 이것을 반복했다. 한쪽으로 누우면 거기엔 매우 아름다운 나무가 서 있었다. 다른 한쪽에는 감상할 만한 매우 흥미로운 그림이 걸려있었다. 등을 대고 누우면 창문을 통해 하늘과 나무들을 볼 수 있었다. 그녀는 매주 점점 나아졌고, 그녀에겐 휴식을 취할 이유가 있었다. 건강을 회복하기 위해서였다. 나는 그녀가 쉬면서 자신의 질병에 대해 불평했더라면 오늘날처럼 건강을 회복했으리라 생각하지 않는다. 현재 이 여자는 매우 건강하며, 어떻게 쉬어야 하는지, 어떻게 일해야 하는지 전보다 더 잘 알고 있다.

휴식을 제대로 취하려면 밤의 긴 수면이 필요하다. 그리고 우리가 낮 중에 취할 수 있는 짧은 휴식의 기회는 종종 가장 의외의 순간에, 의외의 방식으로 찾아온다. 우리는 이 기회를 활용할 준비가 되어 있어야 한다. 우리에겐 편안하게 일하는 습관도 필요하다. 물론 편안하게 일하는 습관은 우리가 쉴 때, 잘 쉴 수 있도록 한다. 또 잘 쉬는 습관은 다시 우리가 일을 편안하게 할 수 있도록 해준다.

어느 지혜로운 여자가 얘기했다.

"여보게, 자네는 사소한 일들을 과장하지 말아야 한다네."

그녀는 아마도 이 말이 얼마나 지혜로운 말인지 잘 모를 것이다.

중요성을 부풀리는 습관은 우리를 바쁘고 서두르게 한다. 자신의 중요성을 부풀리는 습관은 삶의 압박감을 키울 뿐이다. 한 번에 한 가지씩 일하는 것에 만족하자. 그리고 다음 일을 처리할 때까지 그 일에 몰입하자. 이때 우리가 얼마나 많은 것을 성취할 수 있는지 살펴보자. 매우 놀라운 일이 될 것이다. 건강한 몰입은 몰입을 방해하는 모든 것들을 내려놔 버리는 걸 의미한다. 일을 편안하게 하고, 편안하게 휴식하려면 건강한 주의집중이 필요하다.

이 글을 읽고 몇몇 여자들이 이렇게 얘기할 거라는 걸 알고 있다.

"오, 그래요. 그건 몇몇 여자들에겐 맞는 얘기겠지만, 나처럼 책임질 일들이 있거나, 일해야 하는 사람들에게는 적용되지 않는 이야기일 거예요."

나의 대답은 이렇다.

"오, 그렇지 않아요. 당신 같은 사람도 이렇게 살아갈 수 있답니다!"

해야 할 일이 많아질수록, 삶은 더 고달파진다. 그럴수록 일의 수고를 덜고, 삶을 잘 살아갈 수 있는 원리들이 필요하다. 우리는 세상이라는 학교에서 살아가고 있으며, 단지 초등학교 수준에 계속 머물러 있길 원치 않는다. 삶이 더 고달파질수록 더 많은 장애가 생길 거다. 그렇지만 우리가 만나는 모든 한계를 배움의 기회로 삼을 수 있다. 우리가 어떤 환경에서건 배움을 지속해나간다면 졸업에 가까워질 것이다.

수많은 난관을 통해 조급한 느낌으로부터 자유를 얻고, 혼란스러운 정신에서 고요함을 찾는 작업은 열심히 해나갈 충분한 가치가 있다. 고요한 정신이 다른 이들에게 줄 수 있는 유익함을 생각해보라. 이런 고요한 마음을 가지고 있는 여인은 다른 여성들과 비교했을 때 얼마나 돋보이는가! 반면, 소란스러운 여성의 마음은 아마도 '최악의 소란스러움'이라고 할 수 있을 것이다. 하지만 여성의 마음이 고요해지면, 우리는 그것을 '최고의 고요함'이라고 말할 수 있지 않을까.

04
왜 스미스 여사가 내 신경을 긁을까?

● 이 질문에 대한 답을 알고 싶다면 그 대답은 "당신이 스미스 여사에게 간섭하고 있기 때문"이다. 당신은 그녀에게 당신과 같은 모습을, 또는 스미스 여사의 좋은 모습만을 원한다.

다른 여자가 콩에 설탕을 넣어 먹는 게 짜증 난다는 이유로 저녁식사를 못 하는 여자를 본 적이 있다. 무엇이 그녀의 식욕을 다 앗아갔느냐는 질문에 그녀는 이렇게 말했다.

"구운 콩에 설탕을 뿌려 먹는다는 건 너무 어리석은 일이 아닌가요? 그게 나에게 해를 끼치지는 않아요. 내가 콩에 설탕을 뿌려 먹을 필요도 없고요. 그래도 그건 너무 이상한 일 아닌가요? 정말 예의에 어긋나는 행동이란 말이죠. 화가 나서 식사를 할 수가 없단 말이에요!"

자, 이 말보다 더 어리석은 일이 있겠는가? 이 짜증 난 여성을 한번 보자. 그녀는 쓸모없이, 그리고 어리석은 이유로 짜증이 나 있다. 또 그녀는 자신의 짜증을 극복하기 위한 그 어떤 노력도 하지 않는다.

이건 마치 교회에서 자신이 크게 떠들고 있다는 걸 발견하고는 놀라 "왜 난 이렇게 교회에서 크게 떠드는 거야?"라고 소리치고, 다시 반복해서 "왜 난 교회에서 계속 크게 떠들고 있는 거야!"라며 울고 있는 여자와 비슷하다. 그녀에겐 멈춤이 없다. 스미스 부인이 참석하고 여주인이 구운 콩을 내올 거라는 사실을 알면, 이 여자는 저녁 만찬 초대를 거절할 것이다. 이때 그녀는 스미스 부인이 구운 콩을 먹는 방식에 예속된 노예다.

나는 몇몇 독자가 "글쎄, 그녀를 비난하는 건 좋지 않은 것 같아요. 구운 콩에 설탕을 뿌려 먹는 건 이상한 일이잖아요. 짜증 내는 게 뭐 어떻다고요"라고 얘기하는 것이 들린다. 그에 대한 나의 답변은 이렇다.

"왜 짜증 나야만 하는 거죠? 짜증이 스미스 부인이 구운 콩에 설탕을 뿌려 먹는 것을 멈추게 할 수 있단 말인가요? 그 짜증으로부터 뭔가 얻을 수 있는 게 있나요? 게다가 커피에 설탕을 넣어서 마시는 것처럼, 구운 콩에 설탕을 뿌려 먹는 게 관습과 같은 것이었다면 이 여자는 전혀 짜증 날 일이 없었을 거예요. 그녀의 짜증은 단지 평범한 생활방식에서 벗어난 스미스 여사의 행동을 보는 것 외엔 다른 이유가 없어요."

이건 자동차가 말을 겁나게 하는 것과도 같은 원리다. 자동차는 말에게 이전과는 완전히 다른 인상을 남긴다. 예상치 못한 무언가가 확 달려들 때 말이 겁내며 날뛰는 것과 같다. 말의 심장은 빠르게 뛰며 두려움에 흥분하며 날뛴다. 이 말은 짜증을 내게 되지만, 무엇이 그를 짜증 나게 만드는지 알지 못한다.

당신이 좋은 조련사라면 말이 차를 피해 다니고 두려워할 때마다, 말을 다시 차 앞으로 데려갈 것이다. 그리고 말에게 차가 일상적인 느낌으로 다가올 때까지 그 앞을 걸어가게 하는 걸 반복할 것이다. 그러면 말은 차를 두려워하지 않는다(100여 년 전에 쓰인 책이라, 당시엔 차가 많이 느렸던 것을 고려해야 한다-옮긴이 주).

그러나 말과 이 여성 사이엔 차이가 있다. 여성에게는 자유 의지가 존재하는 반면, 말은 그렇지 못하다. 이 여인이 일주일에 두 번 정도 스미스 부인을 저녁 식사에 초대해, 구운 콩을 대접하며 공손히 설탕을 건네준다면 어떨까. 자신의 짜증을 극복하기 위해 이 모든 것을 의도적으로 해나간다면, 그녀는 이전에 스미스 부인이 자신의 신경을 건드렸던 것보다 신경의 압박을 훨씬 덜 받을 거다. 그뿐만 아니라, 그녀는 자신이 다른 사람의 특성에 계속 저항해왔다는 걸 깨닫게 된다. 나는 사람들이 겪는 신경쇠약의 원인이 대부분 타인에 대한 저항에 기인함을 보아왔다. 표면상의 짜증 뒤에 숨어 있는 건 저항과 분개하는 습관이다. 그리고 그것은 많은 이들의 신경을 건드리는 심각한 원인이 된다.

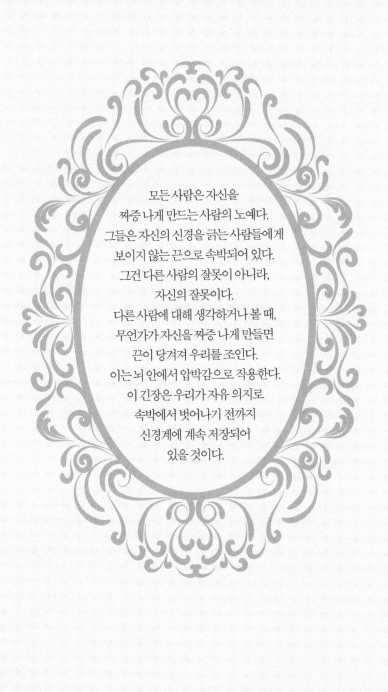

모든 사람은 자신을
짜증 나게 만드는 사람의 노예다.
그들은 자신의 신경을 긁는 사람들에게
보이지 않는 끈으로 속박되어 있다.
그건 다른 사람의 잘못이 아니라,
자신의 잘못이다.
다른 사람에 대해 생각하거나 볼 때,
무언가가 자신을 짜증 나게 만들면
끈이 당겨져 우리를 조인다.
이는 뇌 안에서 압박감으로 작용한다.
이 긴장은 우리가 자유 의지로
속박에서 벗어나기 전까지
신경계에 계속 저장되어
있을 것이다.

우리는 먼저 항복해야 한다

● 말은 자동차에 대해 저항하거나 화내지 않았다. 이렇게 차가 평범한 느낌으로 다가오면 그의 두려움은 한 번에 사라진다. 그러나 이 여성이 자유로워지려면 자신의 의지를 통해 전에 미워하고, 저항했던 대상에 대한 저항감을 내려놓아 새로운 인상을 받아야 한다.

물론 세상엔 우리를 짜증 나게 하는 불쾌한 일들이 있다. 우리는 그것들을 경직된 태도로 대한다. 그러나 이 경직된 태도가 불쾌한 저항감으로 꽉 들어차 있어, 우리의 정신과 몸을 병들게 하는 원인이라는 걸 아는 사람은 극히 드물다. 자유로워지고자 한다면 우리는 다른 사람들에 대한 저항감에서 벗어나야 한다. 그것이 우리를 자유롭게 할 거라는 점은 분명하다.

우리는 먼저 항복해야 한다. 그러면 사물을 명료하게 볼 수 있고, 바르게 생각할 수 있게 된다. 우리는 원망과 저항의 고리를 끊어야 한다. 우물쭈물하는 것은 그다음 일이다. 항복이 습관화되어 신경계와 인격이 강인해질 때까지 계속해서 항복을 연습해야 한다.

'항복'이 무슨 의미인지 더 설명해 보도록 하자. 모든 짜증, 저항, 분노의 느낌은 신체적으로 우리를 조여들게 한다. 숨은 저항감을 제거하려는 진실한 열망으로 신체의 긴장을 내려놓는 데 주의를 기울여보라. 그러면 신체적인 긴장을 내려놓는 게 정신적인 압박감을 내려놓는 길을 열어준다는 것을 알게 된다. 진실로 긴장을 내려놓으면 우리는 이성과 공정함, 그리고 다른 사람에 대한 관대함을 발견할 수 있다.

다른 사람으로부터 스스로 자유롭게 되는 과정에서 한 가지 눈여겨봐야 하는 것이 있다. 한 어린 소녀가 선생님에게 이렇게 말했다.

"어느 날에는 미쳐버릴 거 같다가도, 어느 날에는 평온해져요. 하지만 더 평온해질수록 저는 더 미칠 거 같아요!"

선생님은 이렇게 물었다.

"너는 분노를 극복하길 원했니?"

그러자 소녀는 즉각 "아니오!"라고 답했다.

물론, 분노로 인한 긴장을 이완할수록 자신 안에 더 큰 분노가 쌓여 있다는 걸 발견할 수 있다. 이완할수록 신경이 자유로워져 내면에 있던 분노를 더 잘 인식할 수 있기 때문이다. 그 결과, 이 소녀가 말한 것처럼, 더 이완할수록 더 미쳐버릴 것 같은 기분이 들었다. 그래서 이후 이 소녀는 분노로 인한 긴장을 내려놓고 더 나은 느낌을 받아들이려면, 자신의 분노를 극복하고 싶다는 진정한 소망을 품어야 한다는 사실을 이해했다.

특정한 부류의 사람에 대한 증오를 품고 있는 여성이 있다. 그녀의 행복을 방해해온 사람들이 첫 번째 부류에 속하고, 그녀의 의견과 다른 의견이 있는 사람들이 두 번째 부류에 속했다. 종종 그녀는 이들에 대한 증오를 발산할 수 있는 수단을 찾아내, 쓴소리와 눈물로 그 감정을 해소하곤 했다. 또 이렇게 자신의 억눌린 감정을 겉으로 쏟아 내버리고는 다시 입을 다물고 지냈다. 아마 그녀를 처음 보는 사람들은 그녀가 모든 사람에게 친절한 사람이라고 생각할 것이다. 그러나 증오심으로 인한 긴장은 그녀를 계속 아프게 했다. 감정의 문제였다.

이러한 내면의 압박감을 어떤 방식으로 처리하면 좋을까? 그녀가 기질적으로 이런 압박을 잘 견디는 사람이었다면 증오심이 스스로 그렇게 아프게 하진 않았을 것이다. 그러나 증오심으로 인한 긴장은 예민하고 섬세한 그녀를 계속 허약하게 했다.

딸이 엄마에게 말한다.

"엄마, 나는 마리아를 견딜 수 없어요."

엄마가 무슨 일인지 살펴보면 그 딸에게 '견딜 수 없게' 하는 게 자신과는 다르다는 것을 알게 된다. 하지만 때로 사람들은 견딜 수 없는 불쾌함에 대한 공통된 의견이 있을 때도 있다. 고압적이고 요구가 많은 사람이라면 그 사람이 자신을 반영하는 모습이라는 점에 대한 아무런 의심 없이, 그와 같이 고압적이고 요구가 많은 사람에게 특히 짜증을 느낀다.

다른 사람들이 우리의 신경을 긁는 데에는 두 가지 방식이 있다. 첫째는 우리의 습관과 다른 사람들을 만날 때다. 그들의 사소하고 큰 습관들은 우리의 습관과는 다르다. 그들의 습관엔 문제가 없고 우리의 습관들도 문제가 없을지 모르지만, 그것은 '다르다.'

그렇다면 왜 우리는 그들이 우리와 다르게 놔두지 못하는가? 의식적으로든 무의식적으로든 다른 모든 사람이 우리처럼 되길 원하는 것, 다른 사람들이 우리가 믿는 대로 믿고, 우리가 행동하는 대로 행동하길 원하는 것처럼 허망한 생각이 어디에 있는가?

선한 사람들 사이에서 싸움이 일어나는 이유

● 누군가 이렇게 말했다.

"난 아무개 부인을 견딜 수 없어. 그녀는 내가 미쳐버릴 때까지 의자를 흔들어 댄다고!"

하지만 왜 아무개 부인이 의자를 흔들게 내버려 두지 않는가? 앉아 있을 땐 그 의자는 그녀의 것이고, 그녀가 의자를 흔드는 데 무슨 문제가 있는가?

수백만의 여성이 이렇게 말하는 목소리가 들린다.

"하지만 그게 우리의 신경을 건드린다니까요. 그게 신경을 건드리는데 어쩌겠어요?"

여기에 대한 답은 이렇다.

"신경을 꺼버리고, 저항심을 내려놓으세요."

나는 이렇게 해서 해방감을 얻고 있는 많은 여자를 알고 있다. 때로 이런 자유를 향한 여정은 시간이 오래 걸리기도 하고, 짧게 걸리기도 한다. 그러나 이 자유를 향한 노력은 모두 신경을 건강하게 하고, 성격을 강인하게 만든다.

의자를 흔드는 여성을 데려오라. 그 여자가 의자를 흔들 때마다 의식적으로 자신의 근육과 신경을 이완해야 한다. 의자를 흔드는 사람은 당신이 긴장을 풀고 있다는 사실을 알 필요가 없다. 이건 모두 내면에서 이루어지는 일이다. 가만히 의자를 흔드는 것을 보라. 그에 대한 저항으로 근육이 긴장하는 것을 발견할 수 있을 것이다.

당신이 관찰하는 모든 것들에 대한 아주 약간의 저항이라도 내려놓는 작업을 시작하라. 긴장을 내려놓을수록 더 미세한 긴장까지 자각하게 되어 그것을 내려놓을 수 있다. 저항하는 습관에서 더 빨리 자유로워질 수 있도록 일부러 의자를 흔드는 여성을 만날 수도 있다.

짜증을 찾아 나선다고 생각하는 게 일견 웃기게 보일 수도 있다. 그러나 진지하게 생각해보라. 당신은 이런 실험 안에서 어떤 상식을 발견한다. 의자를 흔드는 여성에 대해 이완하는 법을 배울 때, 당신은 이와 비슷한 짜증에 대해서도 이완하는 법을 배우는 셈이다. 이렇게 전반적으로 적용할 수 있는 원리를 가지고 작업해보라. 이 습관은 절대로 실패하지 않는다. 나의 친구가 설탕에 대한 저항과 긴장을 이완하기 위해 스미스 부인을 저녁 식사에 초대하여 구운 콩을 대접한다면, 그녀는 저항감을 극복할 수 있다.

그러나 어떻게 하면 자신의 저항감에서 빠져나올 수 있는지 모르는 상태로 이런 짜증을 극복하려 애쓰는 것은 불가능한 일이다. 물론, 우리는 사람들이 불쾌해 하거나, 버릇없지 않기를 바란다. 그러나 우리는 설령 사람들이 불쾌하거나 버릇없이 굴더라도 그것에 대한 저항 없이 세상을 살아갈 수 있다. 내적인 저항감을 통해서는 그 누구의 결함도 도울 수 없다.

우리가 저항하지 않을 준비가 되어 있다면, 의자를 흔든다거나, 콩에 설탕을 뿌려 먹는 등의 건강치 않은 습관에 주의를 기울이고 상대에게 가만히 얘기해줄 수 있는 길이 열린다. 그것이 어떤 변화를 가져오지 않는다고 할지라도, 우리는 적어도 그녀에 대한 속박에서 자유로운 상태가 될 것이다.

다른 사람들이 우리의 신경을 건드리는 두 번째 경우는 더 심각하고 어려운 종류의 것이다. 아무개 부인이 정말로 잘못된 행동을 할 수도 있다. 또는 진실하고 성실하게 잘못된 행동을 바르게 인도해주려는 욕구가 있을 수도 있다. 이런 경우, 압박감이 더욱 심하다. 왜냐면 이때 우리에게 옳은 측면이 있기 때문이다. 단, 다른 사람에 대한 태도를 제외한다면 말이다.

다른 사람이 그릇된 행동을 선택하는 것이 우리와는 전혀 상관없다는 것을 인지하는 것은 아마 가장 어려운 일일 것이다. 다른 사람의 실수에 대한 저항과 압박감을 내려놓으면 스스로 자신의 실수를 되돌아볼 수 있다. 어머니들이 아들의 남성적이지 못한 모습에 대한 걱정과 저항을 멈추어야, 아들이 진정한 남자가 될 수 있다.

누군가 이렇게 얘기하는 소리가 들린다.

"하지만 그건 다른 사람에 대한 냉담한 무관심처럼 보이는데요."

아니다. 전혀 그렇지 않다. 오직 다른 사람들에 대한 애정 어린 관심을 통해서만 긴장으로부터 자유롭게 된다. 우리가 다른 이들을 더 진실하게 사랑하면 우리는 다른 사람의 개성을 완전히 존중할 수 있다. 다른 사람들이 흔히 말하는 사랑이란 그저 소유하는 사랑이며, 자기 방식만을 고집하는 사랑일 뿐이다. 그건 진정한 사랑이 아니다.

로마의 보병들은 각자 고정된 넓이의 공간에서 싸웠다. 그 안에서 자유롭게 개인 활동을 할 수 있을 때 더 잘 싸워 적들을 물리칠 수 있었다. 이는 다른 사람에 의해 신경이 거슬리지 않음을 상징한다. 사람들에게 넓은 공간을 제공하자. 그러면 우리의 신경도 자유로워질 것이다.

우리는 사람들에게 너무 가까이 다가가 그들의 신경을 거스른다. 이건 다른 사람의 진정한 자아에 가까이 다가가는 것이 아니다. 굳이 말하자면, 그들의 신경에 너무 가까이 다가간다고 해야 할 것이다. 선한 사람들 사이에서 싸움이 일어나는 이유는 서로가 너무 가까이 붙어서 신경의 짜증을 일으키기 때문이다. 자신의 긴장을 완전히 내려놓을 때까지 다른 사람들의 일은 내버려 두라. 그러면 당신이 무엇을 해야 하는지, 무엇을 말할지, 무엇을 하지 말아야 하며, 무엇을 말하지 않아야 할지 명료해진다. 세상의 그 누구도 우리가 허용하기 전까진 신경을 건드리지 못할 거다.

05
까다로운 가족

●"토미, 그거 하지 말란 말이야! 할아버지를 짜증 나게 하는 거 알잖니."

"왜 할아버지가 이걸로 짜증을 내야 하나요? 나는 하나도 잘못하는 일이 없는데요."

"나도 알아. 이렇게 부탁하는 나도 마음이 아파. 하지만 네가 이걸 하는 걸 보면 할아버지는 짜증이 난다잖니. 그게 문제가 된다는 걸 알잖아."

토미는 시무룩하고 뚱한 표정으로 멈춰 섰다. 어머니도 긴장되고, 걱정하며 불만족스러워 보였다. 토미의 표정은 폭발 직전의 화산 같았다. 어떤 사람이 할아버지와 손자를 관찰한다면, 두 사람이 서로 매우 해로운 방식으로 행동하고 반응한다는 사실을 알 것이다. 할아버지도 힘들었지만, 상처는 아이에게 더 깊었다. 할아버지는 자신의 손자를 사랑한다고 생각했다. 그러나 평소 손자는 솔직하게 "난 할아버지가 싫어!"라고 말했다. 이 상황에서 난처한 사람은 엄마였다. 어머니는 아들을 사랑했고, 아버지도 사랑했다. 그녀는 자신이 가족의 중재자라고 생각했으며, 적의를 환기하느라 늘 바빴다.

어느 날부터 나이든 삼촌이 노년에 이 가족들과 같이 살게 되었다. 제임스 삼촌은 변덕과 짜증이 심했지만, 노년에 돈을 다 잃어버리고 집으로 들어와야만 하는 상황이었다. 아버지와 어머니는 여기에 관해 이야기를 나누었다. 집안엔 삼촌을 돌봐줄 사람이 없었고, 제임스 삼촌이 어딘가 다른 곳에서 편안하게 지낼 수 있도록 도와줄 경제적 사정이 여의치도 않았다.

하지만 제임스 삼촌을 받아들여야 한다고 생각했다. 그렇다고 해서 그들은 "우리는 착하게 살아야 하고, 제임스 삼촌에게 집을 제공해야 해. 제임스 삼촌을 도와주고 있는 우리 좀 봐!" 하며 관대한 척하지는 않았다.

마침내 제임스 삼촌이 집에 들어왔다. 그것이 그가 할 수 있는 유일한 선택이었기 때문이다. 이제 집안에는 고집 센 아이들이 서로 부대끼며 살아야 하는 상황이 되었다. 이 문제를 직면하고 해결할 필요가 생겼다. 부부는 그들이 이 문제를 잘 직면하고 해결해간다면 가족에게 좋은 영향을 미치겠지만, 문제를 잘 해결하지 못하면 집안이 말벌집이 될 걸 감지했다. 부부는 아이들에게 제임스 삼촌의 성미에 관해 얘기하지 않고, 삼촌이 나아지기를 기다리기로 했다.

아이들은 언제나 친척의 방문을 기뻐한다. 그래서 그들은 삼촌을 기쁘게 맞이했다. 그러나 세 아이는 3일이 채 지나지 않아 삼촌을 미워하고 짜증을 내기 시작했다. 곧 가족회의가 열렸다. 엄마는 행복한 얼굴을 하고는 세 아이를 불러 이렇게 말했다.

"자! 잘 들어라, 얘들아. 너희들은 엄마가 제임스 삼촌의 짜증을 좋아하는 것처럼 보이니?"

"아니요, 엄마가 그걸 어떻게 견디는지 모르겠어요."

엄마는 이렇게 말했다.

"얘들아, 이걸 봐. 제임스 삼촌이 잔소리하는 걸 좋아하는 것 같니?"

"좋아하지 않으면 잔소리를 왜 하겠어요?"

"그걸 말해줄 수 없어. 그건 삼촌의 일이지, 나와 너희의 일이 아니거든. 하지만 난 삼촌이 그 행동을 좋아하지 않는다는 걸 증명할 수 있어. 보비, 어제 형이 노크도 없이 너의 방에 들어왔을 때 네가 형에게 잔소리했던 것을 기억하니?"

"네!"

"그다음에 네 마음이 편했니?"

"아니에요."

"그럼, 너희들이 누군가에게 잔소리할 때 그게 얼마나 불쾌한 행동인지 잘 생각해보렴. 그리고 제임스 삼촌이랑도 처지를 바꿔서 생각해보렴."

"아, 별로 기분이 안 좋겠는데요."

12살 아들이 답했다.

"이제 애들아. 할 수 있는 한 제임스 삼촌의 불쾌한 기분을 덜어주는 게 좋을 거야. 삼촌을 짜증 나게 하는 일을 할 때 삼촌이 더 불쾌해지는 거 알겠지? 삼촌이 퉁명스러운 건 상처가 계속 쑤시고 아픈 것과 비슷한 거야. 귀찮게 하면 그 상처를 문지르는 것처럼 아픈 거지. 그러니 가능한 삼촌을 방해하는 걸 피하고, 그러지 못해서 잔소리를 들으면 신사처럼 '죄송합니다'라고 말하는 거야. 그리고 삼촌을 짜증 나게 하는 행동을 멈추거나, 최대한 빨리 방해가 되지 않도록 하는 거야."

제임스 삼촌은 짜증을 덜 내지 않았다. 그러나 삼촌에 대한 아이들의 남자답고 예의 바른 행동은 산으로부터 불어오는 신선한 바람과 같았다. 이러한 태도가 습관이 되고, 당연한 일이 되었기 때문이다. 부부는 제임스 삼촌이 무의식적으로 자신의 아이들을 모든 인간의 특성에 관대하고 정중하게 자랄 수 있게 훈련한다는 것을 깨달았다.

까다로운 사람이 우리에게 주는 혜택

까다로운 사람에 대한 관대한 예의는, 전에는 몰랐던 좋고 유익한 특성을 발견하게 해준다. 때로 이와 같은 노력을 기울인 후 우리는 자신이 까다로운 사람이었음을, 오히려 다른 사람이 우리를 까다로워했다는 걸 알게 된다. 종종 까다로운 사람이 두 명 이상일 때도 있다. 두 자매가 서로 다르기에 충돌할 수 있다.

● 한 자매는 털털하고, 다른 자매는 섬세하고 꼼꼼한 성격이다. 이러한 극단적인 성향이 두드러지면 털털한 친구는 사소한 것들에 부주의한 사람으로, 꼼꼼한 친구는 쩨쩨한 사람이 될 수 있다. 이 과정이 계속되면 자매들은 점점 더 서로를 견딜 수 없어 사이가 멀어지게 된다. 그러나 털털한 자매가 다른 자매로부터 꼼꼼한 성격을 배우고, 꼼꼼한 자매가 다른 자매로부터 넓게 보는 시선을 배운다면 어떨까. 둘은 아마 함께 성장할 것이며, 원수로 시작된 두 여자의 관계가 행복한 친구 사이로 발전할 수 있다.

형제들의 충돌에서도 비슷한 사례가 많다. 하지만 그들은 동의하지 않을 때 서로를 놔둔다. 여자들은 그렇게 할 수 없는 것 같다. 충돌하는 경향이 있을 때는 서로를 놔두는 것이 좋지만, 충돌을 극복하고 동의하는 법을 배우는 게 더 좋을 거다.

나를 짜증 나게 하는 사람과 함께 살면 어떻게 될까. 조용한 만족감 속에서 이 사람과 함께 사는 법을 배울 때까지, 나는 자유롭지 못하다. 도망쳐서는 자유를 얻을 수 없다. 속박은 언제나 내 안에 있다. 유일한 길은 자신의 내면에서 싸우는 일일 것이다. 누군가의 협력을 구할 수 있다면 훨씬 나을 거다. 그러나 자유를 발견하기 위해 누군가의 협력이 꼭 필요한 건 아니다. 우리에게 필요한 건 지성적이고 관용적인 친절일 뿐이다.

"어머니, 그 자리에 앉으세요. 거기 말고요. 햇볕이 저 창문으로 들어오잖아요. 애들아, 옆으로 비켜서 할머니가 자리에 앉게 하려무나."

젊은 여성은 진심으로 어머니가 편안한 좌석에 앉아 뜨거운 햇볕에 불편해하지 않게 하려고 노력했다. 그녀가 하는 말은 모두 사려 깊고 정중했지만, 어조는 정중함과는 정반대였다. 누군가 눈을 가리고 들었더라면, 이 여자가 개에게 이야기하고 있다고 생각했을 것이다.

어머니는 여주인의 명령을 즉시 행하는 잘 훈련된 작은 강아지처럼 자리로 잽싸게 움직였다. 딸은 어머니에게 최고의 것을 주는 것에만 신경 쓰며, 수년간 어머니의 의지를 짓밟았던 게 분명했다.

손자들은 어머니의 말보다는 어조에 귀 기울였다. 어머니가 지켜볼 때는 점잖게 존중을 표해야 하는 여행 짐짝처럼 할머니를 대했고, 어머니의 시선이 미치지 않을 때는 할머니를 완전히 무시했다.

언젠가 나는 우연히 이 할머니 옆에 앉게 되었다. 어느 자리에 앉을지에 대한 여러 제안이 오고간 뒤, 할머니는 딸이 마련한 자리에 편안하게 앉아 있었다. 그녀는 순교자와 같은 부드러운 목소리와 유머로 반짝이는 눈으로 이렇게 말했다.

"쟤들은 내가 아무것도 모른다고 생각해요."

우리는 그날의 화젯거리에 대해 조금 더 이야기했다. 어머니가 딸보다 더 넓고 고요한 마음을 간직하고 있다는 걸 증명하는 대화였다.

나는 그 할머니를 더 잘 알아가고자 딸을 연구하기 시작했다. 그녀의 습관적인 꽉 죄인 목소리와 태도는 연민을 자아냈다. 딸이 어머니를 돌보는 압박감과 대장 노릇을 하려는 습관을 내려놓는다면 어떻게 되었을까. 어머니와 진정한 동반자가 되었을 뿐만 아니라, 더 건강하고 행복한 여자로 살았을 거다.

이와는 대조적으로, 치매에 걸린 늙은 아버지가 함께하는 가족의 유쾌한 이야기가 있다. 아들과 딸은 그를 아기처럼 돌보았으며, 온화하고 부드러운 존경심으로 사랑했다. 자식들은 아버지가 정신이 오락가락하거나 어린애처럼 구는 것에 대한 당혹감이 없었다. 그래서 이로 인해 스트레스를 받는다거나 괴롭다는 생각도 들지 않았다.

자식들이 아버지의 상태를 부끄러움 없이 매우 차분히 받아들였기 때문에, 이 집을 방문하는 모든 손님도 아버지를 같은 방식으로 대했다. 다들 아버지를 뒷방에 숨겨놓아야 한다는 생각도 없었다. 아버지는 거실에서 편안한 의자에 앉아 있었다. 그리고 언제나 여러 자식이 늘 곁에 웃는 얼굴로 머물렀다. 많은 경우 그렇듯이, 이 늙은 아버지는 가족에게 까다로운 사람이 되지 않았다. 그보다는 자식들의 사랑스러운 돌봄을 받아들이며, 가족에게 만족과 휴식을 전해주는 것처럼 보였다.

까다로운 가족을 대하는 최선의 규칙

● 한 가족이 까다로운 이유는 대개('항상'이라고 말할 뻔했다) 상대에 대한 우리의 태도가 할머니, 어머니, 또는 노처녀인 고모를 까다롭게 만들기 때문이다. 까다롭기로 소문난 시어머니조차 그녀가 하는 일에 대한 혐오와 긴장감을 내려놓으면 덜 까다로워진다. 모든 까다로운 친구를 떠올려보라. 그에 대한 모든 사소한 문제들을 내려놓는다면 우리는 본질적인 질문을 해결하는 것이 놀라울 정도로 어렵지 않다는 것을 알게 된다.

아들에게 성미가 있고, 그가 결혼한 여자도 성질이 드셌다. 어머니는 이기적인 방식으로 아들을 사랑했고, 모든 남자 가운데 자기 아들만이 성질을 부릴 권리가 있다고 생각했다.

어머니는 아들을 편들고 며느리를 비난했다. 이 두 부부 사이에 거센 회오리바람이 몰아치면 아들은 자신이 얼마나 힘겹고 불행하게 살아가는지 얘기를 듣기 위해 어머니에게 의지했다. 따라서 자신의 불쌍한 아들을 보호하고 있다고 생각하는 시어머니는 평생 가장 친한 친구가 될 수 있었던 두 사람 사이에 불화를 일으키게 되었다.

젊은 아내는 자신의 성질을 부끄러워하고 그걸 이겨낼 때까지 애써보았다. 아내가 처음부터 남편의 나쁜 성미뿐 아니라, 여러 가지로 성가신 시어머니의 반목에도 저항심을 내려 놓아왔다면 남편과 시어머니와의 우정을 얻을 수도 있었다. 그러나 시어머니가 먼저 세상을 떴다. 그러자 남편은 몇 년간 부인과의 우정에서 등을 돌려 잃어버린 것이 무엇인지 발견하기 시작했고, 자신의 잘못을 깨달았다. 그는 아내에게 감사할 만큼 자신의 성질로부터 자유로워졌다.

까다로운 가족을 대하는 최선의 규칙은 지엽적인 것은 전부 양보하는 것이다. 그리고 당신이 옳다고 믿는 중요한 것에 동의하지 않을 때는 저항 없이 스스로 뜻을 고수하라. 당신의 방식을 믿되, 까다로운 가족 구성원이 자신의 것을 믿도록 놔두라. 한계처럼 보이는 것을 기회로 삼아라. 정말이지, 까다로운 사람은 당신에게 축복이 될 수 있다.

이와 같은 주장에서 더 앞으로 나아가보자. 나는 모든 가족에게 이렇게 까다로운 가족이 있어야 한다고 믿는다. 까다로운 가족 없이 순조롭게 인생이 진행된다면 조화로운 삶은 당연히 겉치레처럼 느껴진다. 그러다가 갑작스럽게 닥친 인생의 시험은 이런 가족을 한 번에 불화로 몰아넣어 모든 가족에게 충격을 준다. 그러나 불화를 겪으며 한발씩 조화를 향해 나아간다면 우리는 어떤 어려움에도 계속 발걸음을 떼어놓을 가능성이 크다.

그러니 까다로운 사람이 방해되도록 흔쾌히 놔두라. 당신이 그 가족의 존재에 대한 모든 저항을 내려놓는 데 성공할 때까지, 그 사람이 가족으로 남아있기를 소망하라. 그녀에게서 떨어져 있을 때는 자발적으로 그녀의 성가심을 떠올려보도록 하라.

이렇게 하면 온갖 저항이 떠오르겠지만, 의도적으로 긴장을 풀어놓기를. 그러면 다시 집에 돌아오거나 아침에 식사하러 내려올 때(밤에 잠을 자며 많은 저항감이 자발적으로 해소되었기 때문에) 까다로운 사람에 대한 기분이 더 좋아졌다는 것을 알게 된다. 자신의 내면에서 저항의 긴장이 사라진 게 놀라울 것이다.

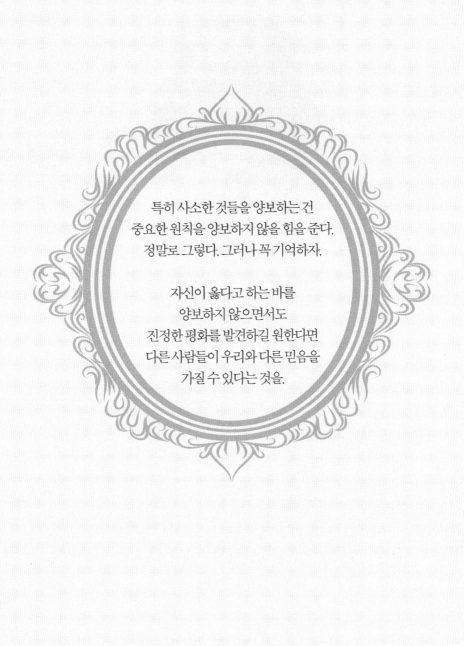

특히 사소한 것들을 양보하는 건
중요한 원칙을 양보하지 않을 힘을 준다.
정말로 그렇다. 그러나 꼭 기억하자.

자신이 옳다고 하는 바를
양보하지 않으면서도
진정한 평화를 발견하길 원한다면
다른 사람들이 우리와 다른 믿음을
가질 수 있다는 것을.

06
성마른 남편

● 이렇게 가정해보자. 당신은 남편의 일에 관해 관심이 없다. 남편은 자신이 해야 할 일들과 져야 할 책임에 대해 당신이 진지하게 받아들이지 않아 짜증이 나 있다. 골치 썩고 있는 남편을 당신이 달래주지 않아 남편은 신경질이 나 있다. 그가 당신에게 많은 것을 기대하지만, 그 대가로 남편은 당신에게 아무것도 주지 않는 것처럼 보인다.

마음이 조금 쓰라리진 않은가? 많은 여성이 "괜찮다"라고 말할 거라는 사실을 알고 있다. 하지만 남편과 아버지는 아내와 어머니가 그렇듯, 가정과 아이들에게 많은 관심을 가져야 한다. 물론 이는 특정한 정도까지이며, 그의 도움이 특히 필요할 때에 한한다. 그러나 남자는 아내가 남편이 직장에서 하는 일에 대한 세부적인 사항까지 아는 정도로, 아내의 가사 일의 세부사항을 알지 못한다.

독자들은 "여자의 신경은 남자보다 예민하다고요. 그녀에겐 도움과 위로가 필요해요. 기댈 수 있는 사람이 필요하단 말이죠"라고 말할 것이다. 이에 대한 대답은 아마도 놀라울 것이다. 하지만 이 답변에 대한 지성적인 이해는 좋든 싫든 함께 살기로 동의한 남녀의 삶을 매우 급진적으로 변화시킬 것이다.

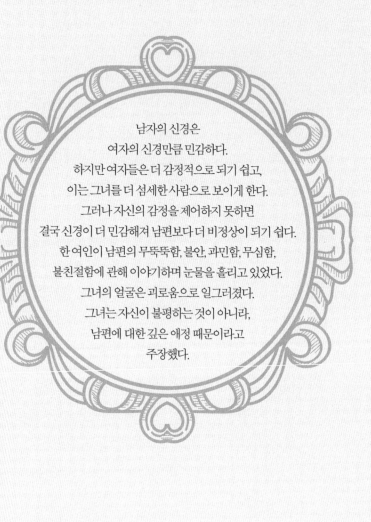

남자의 신경은
여자의 신경만큼 민감하다.
하지만 여자들은 더 감정적으로 되기 쉽고,
이는 그녀를 더 섬세한 사람으로 보이게 한다.
그러나 자신의 감정을 제어하지 못하면
결국 신경이 더 민감해져 남편보다 더 비정상이 되기 쉽다.
한 여인이 남편의 무뚝뚝함, 불안, 과민함, 무심함,
불친절함에 관해 이야기하며 눈물을 흘리고 있었다.
그녀의 얼굴은 괴로움으로 일그러졌다.
그녀는 자신이 불평하는 것이 아니라,
남편에 대한 깊은 애정 때문이라고
주장했다.

"하지만 이건 너무 괴로워요, 너무 괴로워요."

그녀를 보는 사람들은 이를 믿었을 것이다. 이렇게 스트레스와 신경계의 긴장이 계속되었더라면 신경쇠약으로 생을 마감하거나 틀림없이 아프게 되었을 것이다.

친구는 조용히 앉아 그녀가 털어놓는 얘기를 들었다. 더 할 말이 없어져 이야기를 멈출 때까지 얘기를 쏟아놓도록 놔두었다. 그런 다음, 부드럽고 적절한 일련의 질문들을 던졌다. 그러면서 처음부터 아내가 남편을 위해 아무것도 하지 않았으며, 남편이 자신을 위해 만사를 책임져주기를 기대했다는 사실을 깨닫게 해주었다.

아마 그녀는 남편이 집에 왔을 때 매력적으로 보이고자, 그를 위해 예쁜 드레스를 입었을 수 있다. 하지만 남편이 이를 눈치채지 못하고 집안일에 짜증을 내면, 자신이 매력적이지 않고 그를 기쁘게 하지 않았다는 것에 눈물을 흘릴 것이다. 그녀가 남편이 특히 좋아하는 저녁 만찬을 준비했을 수도 있다. 그러나 남편은 아내가 준비한 음식을 알아채지 못한다. 또 자신을 걱정스럽게 만드는 무언가에 주의를 뺏길 때도 있다. 이럴 때, 그녀는 눈물을 흘릴 것이다. 남편이 자신에게 아무런 관심이 없기 때문이다.

짐승과 순교자에서 친구가 되는 법

● 이 남편이 성마르고 사납다는 것은 사실이다. 그는 자신의 아내에게 별 관심이 없다. 그러나 아내는 그의 성깔을 건드리고 더 거칠게 만드는 데 온 힘을 썼다. 그녀는 젠체하며 자신이 순교자라고 생각했다. 남편에게 친절과 관심, 동정을 요구했다. 그런데 그걸 요구했기 때문에 결코 원하는 것을 얻지 못했다.

여자가 거만하게 요구하지 않으면서도 남자에게 뭔가를 요구할 수 있다. 남자의 짜증 또는 분노의 표출보다 남편이 그녀를 위해 어떤 일을 하지 않는다며 겪는 여자의 감정적 고통에는 더 이기적인 요구가 있다. 여자가 요구하는 태도는 애절한 감정들로 가려져 있다. 반면, 남자가 요구하는 태도는 벌거벗은 추악함으로 드러난다. 둘 다 나쁘긴 마찬가지다. 둘 다 마찬가지로 불쾌한 것이다.

자애심을 요구함으로써 받을 수 있다는 것은 실질적으로 불가능한 일이다. 자애심과 사려 깊음, 배려는 사람의 마음 안에서 자발적으로 생겨나야 하는 거지, 아내가 이를 요구하며 강요할 수 없는 일이다.

이 연약한 여인은 다음과 같은 점들을 발견했다. 그녀가 받아야할 것이 너무 당연하다며 남편에게 요구해왔다. 그러나 요구한 걸 남편이 주지 않는다는 이유로, 그녀는 자신의 힘을 고통받는 데 전부다 사용해버렸다. 인내하며, 남편이 제정신을 차릴 수 있도록 고요히 기다리는 데에는 아무런 노력을 쏟지 않았다. 이를 깨닫고 그녀는 집으로 돌아가 새로운 인생을 시작했다. 새로운 사실에 한번 눈을 뜨면 이전으로 되돌아가지 않는 대담하고 지성적인 여성이었다. 그녀는 자신의 괴로움이 남편의 성마른 이기심에 대한 저항이라는 것을 알고, 저항을 그만두었다.

며칠, 몇 주, 몇 달이 걸린 힘겨운 싸움이었다. 하지만 이 노력이 주는 보상은 행복했다. 남자가 예민하고 추해질 때, 여자가 분노나 괴로움으로 이에 저항하며 반응하지 않으면 어떻게 될까. 남자는 자신 안에서 예민함과 추함을 경험한다. 그리하여 과민함의 본질을 인식한다. 그것이 이 남자에게 일어난 일이었다.

이처럼 아내가 요구하기를 멈추자, 남편은 주기 시작했다. 아내의 신경이 안정되고 고요해지자, 남편의 신경도 고요해지고 차분해졌다. 마침내 아내는 남편의 짜증이 아내에게는 말하지 않았던 사업과 관련된 불안으로 일어났다는 걸 알았다.

저항과 쓸데없는 감정을 내려놓고, 고요히 자신을 제어하는 것에 의지를 사용하면 신경계를 가장 강하게 할 수 있다. 이 여성은 힘을 얻었다. 그러자 놀랍게도 남편이 다른 사업가를 만나 고민을 이야기하듯, 자신에게 사업에 대한 전체적인 상황을 설명해주었다. 이제 그녀는 호들갑을 떨지 않고도 남편의 이야기를 차분히 들을 수 있었다.

그녀는 남편이 매일 집에 오는 것을 두려워했다는 걸 알게 되었다. 아내의 정서적인 요구를 두려워했던 것만큼, 사실 남편도 자신의 과민함을 두려워했다. 예전엔 이 사실을 알지 못했으며, 문제가 무엇인지 전혀 몰랐다. 그는 그저 자신이 마치 짐승과 같다고 느꼈고, 짐승처럼 행동하는 것을 멈추는 법을 몰랐다.

아내는 남편이 무자비하다는 것을 알았고, 동시에 그녀는 자신이 고통받는 순교자와 같다고 믿었다. 남편은 집에 오는 것을 두려워했고, 그녀도 남편이 집에 돌아오는 게 두려웠다. 과거에 그들은 이렇게 악몽 속에서 살아갔다. 그러나 이제 그들은 악몽으로부터 깨어났다. 그래서 세상에 서로 자신감을 줄 수 있는 좋은 친구가 있다는 사실을 깨달았다. 그 우정은 날마다 더 강해졌다.

남자와 여자, 어느 쪽이 더 유치할까?

● 결혼식과 결혼생활은 다르다. 결혼식은 단지 결혼생활의 시작일 뿐이다. 결혼생활은 느리고 신중한 조정의 과정이다. 이 명제의 반대를 보여주는 사례가 있다. 몇 년 동안 행복한 결혼 생활을 하는 것처럼 보였던 남녀의 이야기다. 이 둘은 서로 가장 가까운 친구였다. 남자의 신경은 쉽게 자극받았으며, 아내는 부부 간의 갈등에서 남편을 이해하기 위해 애쓰며 적응했다. 그러나 실제로는 이런 부적절한 조정을 계속하며 살 수 있는 여성은 아무도 없다. 아내는 예기치 않게 신경쇠약에 걸려버렸다.

신경이 약해지면 강한 상태에서 우리가 억누를 수 있었던 저항을 더 억누를 수 없다. 이 아내는 남편의 기벽을 탐닉하고 보호하면서도 무의식적으로는 이에 저항했다. 그녀가 아프게 되었을 때, 무의식적인 저항이 표면으로 떠올랐다. 남편에 대한 짜증이 늘어가자, 스스로도 놀랐다. 물론 남편도 아내를 쏘아붙였다. 아내의 상태가 나빠지자, 그는 평상시 아내의 보살핌을 받지 못했다. 그러자 아내가 건강을 회복하도록 돕는 대신, 등을 돌려 다른 여자에게 불평했다.

마침내 두 신경계 사이에서 일어나는 마찰이 위험할 정도로 강렬해졌다. 둘 다 똑같이 고집스러웠다. 서로 분리되는 것 외에는 할 일이 없었다. 여자는 상심한 마음으로 삶을 마감했다. 아마 남자는 남은 생애 동안 미쳐있었을 것이다.

이 모든 끔찍한 문제를 일으켰던 이유는 하나다. 자신과 다른 사람의 신경을 잘못 관리한 것이다. 처음엔 그들의 사랑이 진실한 거처럼 보였다. 조정이 잘 이루어졌다면, 사랑이 진정으로 성장할 수 있었을 것이다. 이 이야기에서 가장 슬픈 점은 둘 다 서로에게 잘 적응하려 노력했다는 점이다. 결혼생활 초기 몇 년 동안 그의 집은 모든 친구에게 큰 기쁨이었다.

지친 신경은 남자의 마음을 닫히게 만들거나, 짜증 내고, 불평하며, 추악하게 만든다. 반면, 여성을 성마르고 불평하며 눈물을 흘리게 한다. 서로가 이기적으로 자신의 편안함을 찾고 있을 때는 어느 쪽도 상대를 이해할 수 없다. 남자는 여자가 눈물을 흘리거나 짜증 섞인

불만을 토로할 때, 자기가 화를 내는 게 전적으로 정당하다고 생각하여 몹시 흥분한다. 반대로 여자는 남편의 짜증과 성질 때문에 고통받는다고 생각하여 화를 낸다. 그러나 상식으로 이해할 만한 진실은 누구도 상대방에 대해 불평할 권리가 없다는 거다. 우선 스스로 더 낫고 명료하게 해야 한다는 사실이다.

인간의 본성은 그다지 나쁘지 않다. 우리가 다른 이에게 기회를 준다면 말이다. 다른 사람을 밀고 당기고 요구하면, 우리 내면의 최고의 것들이 질식되고 삶이 긴장감으로 채워진다. 물론 요구에는 건강한 것이 있고, 병든 요구도 있다. 그러나 내가 아는한, 건강한 요구는 개인적인 저항이 없고 이기적인 감정 없이 요구할 때만 가능하다.

일부 여성들은 남편에 대해 일종의 부드럽고 어머니 같은 경멸을 담아 이야기하는 경향이 있다. 이는 남자의 신경을 매우 고통스럽게 긁어놓는다. 이 고통은 매우 강렬하고 성가신 것이다. 그러나 나는 여성들이 이와 같은 방식으로 반복해서 이야기하는 것을 들어왔다. 물론 이런 경우, 온유함과 모성애는 진실이 아니다. 온유하고 어머니 같은 어조는 자신의 우월감을 가리기 위해 사용한 것이다.

그들은 "우리 아기, 못난 아기", "남자는 애랑 똑같아"라고 말한다. 남자가 유치하고 때로는 극단적으로 유치할 수도 있다. 그러나 여성의 제어되지 않는 감정보다 더 유치한 것이 또 있겠는가?

남편을 초대하는 가장 확실한 방법

● 여자는 남편 영혼의 남성성을 존중해야 한다. 게다가 그와 친구가 되려면 어떤 이기적이고 안절부절못하는 짜증 뒤에 숨은 살아있는 존재에 대한 믿음을 고수해야 한다. 그녀는 또한 남성의 신경계가 자신의 것만큼 민감할 수 있음을 알아야 한다. 때로는 남성의 신경계가 여성보다 더 민감하기도 하며 우리는 이를 존중해야 한다. 아무것도 요구하지 않고, 기대하지 않으며 정신에서 그의 최고의 모습을 붙잡고 기다려라.

이는 남편의 불안과 가사 일에 대한 무관심에 어리둥절하는 모든 여성이 꾸준히 오랫동안 적용할 수 있다면 놀라울 정도로 좋은 작업이다. 인위적으로 행복한 결혼생활을 만들어갈 수는 없다. 그러나 각자가 자신을 바라보고 자신의 역할을 온전히 수행한 다음 다른 사람을 흔쾌히 기다린다면 행복과 연민, 일하고 놀 힘과 기쁨이 찾아온다. 진실하고 생생히 살아있는 그 힘이 우리를 기다리고 있다.

"왜 우리 집 남편은 집에 왔을 때 나와 같이 있기를 좋아하지 않을까? 우리는 왜 편안하고 안락한 시간을 함께 보낼 수 없는 걸까?"

아내가 슬픈 눈으로 간절히 묻는다.

남편은 친구에게 이렇게 말한다.

"종종 저녁때 넬리랑 지내는 것을 기쁘게 여겨야 하지만, 그녀는 항상 자신이 걱정하는 것에 관해 이야기하고, 바보 같은 방식으로 가족에 대해 걱정해. 맨날 옆 골목 소년이 홍역에 걸렸다고 조지가 홍역에 걸릴 거라고 난리야. 게다가 우리 애들이 다른 아이들이 가진 장점이나 좋우 예의범절이 있지 않다고 확신해. 우리기 혼자 있을 때마다 항상 불평할 거리가 있어. 그녀의 마지막 불평은 자신의 이기심에 대한 거야."

그다음 그는 좋은 농담을 했다는 생각에 웃었고, 5분 안에 그녀에 대해 완전히 잊었다.

아내가 징징대고 불평하며 대화를 시작하면, 남편은 아이들 문제에 대해 논의하기 어렵다는 것을 얘기하라. 그러면 아내는 배움을 얻어 더 좋은 대화를 나눌 수 있을 것이다. 한편, 아내가 남편이 사업 안건들을 다루느라 피로하고 불안한 상태로 집에 돌아왔다는 것을 이해한다면 사소하고 가벼운 이야기를 나누며 그의 주의를 환기할 필요가 있다. 그러면 남편은 휴식을 취하고 편안해져서 아이 양육이나 가사 일과 관련해 아내를 도울 마음 상태가 된다.

각자 먼저 자신의 짐을 지는 것이 다른 사람의 짐을 가볍게 한다, 또 그것이 우리에게 도움이 되는 다른 사람들을 찾는 데에도 도움이 된다. 이런 삶의 원리를 발견하는 것은 흥미롭고 즐거운 일이다.

자신의 남편이 '너무나 불안하며 성깔 있다'는 것을 알게 된 여자는 실제로 남자의 신경계가 여성의 것만큼 민감할 수 있음을 기억해야 한다. 남편이 기쁜 마음으로 자신의 짐을 함께 나누길 원한다면, 아내는 지속적이고 끊임없이 자신의 문제를 해결하려는 노력을 해야 한다. 그래서 남편의 짐을 덜고, 그의 문제를 풀 수 있도록 준비되어 있으면 된다. 이게 바로 그를 초대하는 가장 확실한 방법이다.

다른 사람의 이기심과 맞붙어 싸우는 것과 그가 자신의 이기심을 발견해 스스로 이타적으로 행동하도록 인내심을 가지고 기다리는 것 사이에는 큰 차이가 있다는 걸 기억해야 한다.

● 몇몇 여성들은 하루 내내 만성흥분상태에
서 살아가면서도 아플 때까지 그것을 발견하지 못한다. 만성흥분을
발견하지 못하면, 그들은 더 아프게 될 뿐이다. 남자들도 마찬가지다.
그들은 일을 계속하려면 내면에 얼마간의 흥분감을 늘 붙잡고 있어
야 한다고 생각한다.

나쁜 습관이 우리 안에 자리 잡고 있을 때 이를 잠시 포기하는 것
은 부자연스럽게 느껴진다. 오히려 나쁜 습관 안에 있을 때가 자연스
럽다고 느낀다. 이는 계속해서 우리에게 유독한 해악을 미친다.

한 여성은 계속 코를 쿵쿵거리거나, 가래를 뱉고, 의자를 흔들거

리거나, 주변에 있는 아무 사람들에게나 수다를 떠는 습관이 있다. 이런 습관들을 더 지속할 수 없을 때 그녀는 부자연스럽고 불편하다고 느낄 것이다. 습관은 이렇게 계속된다. 그 습관들은 우리에게 그다지 중요해 보이지 않는다. 심지어 우리는 그걸 자각하지도 못한다.

언젠가 매일 과잉 흥분상태로 살아가는 여성 중 하나인 내 친구와 시골로 여행을 떠났던 적이 있다. 아침에 옷을 갈아입을 때, 그녀는 흥분상태로 옷을 갈아입었다. 아침을 먹으러 올 때도 흥분상태에 있었다. 그녀는 가장 단조로운 일상의 일조차도 흥분상태로 바삐 처리하곤 했다. 일상의 모든 대소사가 그녀를 흥분시켰다. 그래서 그녀는 피곤해서 침대로 돌아갈 때도 흥분상태로 돌아가곤 했다.

우리는 나무들이 빽빽한 산에 갔다. 아주 장엄한 고요가 가득한 곳이었다. 처음 그곳에 도착했을 때, 그녀는 자신이 이 숲에 도착했다는 사실에 흥분했고, 이 안에서 살아가는 사람들과 집들에 흥분했다. 그러나 밤중에 그녀는 침대에서 뛰어오르고 괴로워하며 신음을 냈다. 나는 그녀가 갑자기 병에 걸렸다고 생각했다. 그리고 뭐가 문제인지 알아보려고 방으로 급히 뛰어 들어갔다.

"오, 오, 너무 고요해. 너무 고요하다고!"

흥분의 소용돌이로 가득 차 있었던 그녀의 뇌가 엄습해오는 고요함에 날카로운 통증을 느꼈던 거다. 다행히도 이 여성은 일종의 상식이라는 게 있었다. 나는 그녀에게 조금씩 진실을 설명해주었다. 그녀는 이 진실에 따라 행동하여 점차 편안해졌고, 강해졌으며, 고요해졌다.

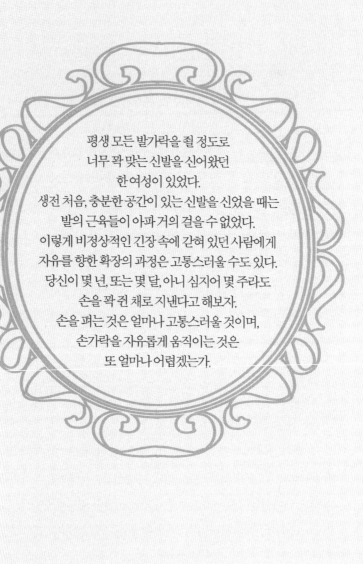

평생 모든 발가락을 쥘 정도로
너무 꽉 맞는 신발을 신어왔던
한 여성이 있었다.
생전 처음, 충분한 공간이 있는 신발을 신었을 때는
발의 근육들이 아파 거의 걸을 수 없었다.
이렇게 비정상적인 긴장 속에 갇혀 있던 사람에게
자유를 향한 확장의 과정은 고통스러울 수도 있다.
당신이 몇 년, 또는 몇 달, 아니 심지어 몇 주라도
손을 꽉 쥔 채로 지낸다고 해보자.
손을 펴는 것은 얼마나 고통스러울 것이며,
손가락을 자유롭게 움직이는 것은
또 얼마나 어렵겠는가.

꽉 움켜쥔 손에서 발견할 수 있는 진리는 잔뜩 죄어진 발, 또는 흥분으로 계속 압박받아온 뇌에서도 똑같이 적용된다. 비정상에서 정상으로 가는 과정은 늘 고통스럽다. 비정상적인 상태에 머무는 것은 계속 자신의 힘을 제한하고 서서히 죽어가는 것을 의미한다. 반면에, 거기에서 빠져나와 정상적인 삶의 길을 찾아가는 것은 명료한 시야와 계속 강해지는 힘, 신선한 삶을 의미한다.

이 흥분의 습관이 단지 뇌만 압박하는 것이 아니다. 그 영향은 온몸에 두루 미친다. 다른 장기보다 약한 장기가 있다면, 이 흥분은 그 장기를 통해 드러난다. 어떤 여성은 소화불량으로 고통받을 것이다. 그리고 또 다른 여성은 이런저런 장애를 겪으며, 고가의 의료비를 내야 할지도 모른다.

모든 문제의 원인이 내적 소음, 흥분, 삶의 긴장된 습관들이 몸에서 생명력을 앗아가기 때문이라는 것을 생각해보지 않은 채 말이다. 이건 마치, 기름이 줄줄 새는 차를 끌고 다니며, 왜 이 차가 움직이지 않느냐고 궁금해하는 꼴이다. 우리 대부분이 이런 바보와 같다.

수많은 사람이 흥분의 습관에 깊이 젖어 있다. 그 사실을 자기 자신도 잘 모른다는 것이 문제다. 스스로 시험하고 자기 자신을 발견하고자 하는 건 매우 건강한 일이다. 건강할 뿐만 아니라, 매우 흥미로운 일이기도 하다. 고요한 숲이나 어떤 조용한 장소가 우리를 안절부절못하게 만든다면, 우리가 비정상적인 상태에 있다고 생각해도 무방하다.

그 고요한 장소의 일부가 되어 있다고 느낄 때까지 가능한 한, 자주 숲에 들어가는 것이 좋다. 숲에 들어가 평온해지고 고요해진 다음 그 숲에서 나왔을 때 다시 안달복달하고, 흥분되어 숲의 고요함과 일상생활의 대조에 고통을 느낀다면 어떨까. 그건 자신이 평소 비정상적인 흥분상태에 살아왔다는 걸 자각하게 해준다. 또 이로 인해 흥분상태를 멈추기 위한 훈련을 시작할 수도 있다.

독자들이 이렇게 얘기하는 것이 들린다.

"좋아요. 그런데 주변의 모든 환경과 사람들이 비정상적인 흥분상태에요. 그들은 고요함에 대해서는 하나도 모르는데, 어떻게 내가 비정상적인 흥분상태로 살아가는 것을 멈출 수 있겠어요?"

이걸 진짜로 하고자 한다면, 그리고 지속적인 노력을 쏟는 데 관심이 있다면, 당신에게 처방전을 줄 수 있다. 답을 찾을 때까지 이 노력을 지속해 보라. 그러면 어떤 여성이든 그 고마움을 잊지 않을 거라고 장담한다.

당신이 선택할 수 있는 처방전

● 매일 5분간 고요함을 찾겠다는 의도를 가지고 연습을 시작하라. 며칠이 지나도록 결과를 볼 수 없을지라도, 실망하거나 뜻을 접지 마라. 고요함을 찾으며 처음엔 그것이 당신을 짜

증 나게 하거나 초조하게 만든다는 게 이상해 보일 수도 있다. 그러나 계속해서 작업해나간다면 그 보상은 고통보다 몇 배는 더 가치 있을 것이다.

정신을 고요하게 만드는 것은 몸을 고요하게 만드는 데 도움이 된다. 때론 정신을 고요하게 하기 전에 몸을 고요하게 만들어야 한다. 몸을 고요하게 하는 데 주의를 쓰는 건 또한 정신을 고요하게 한다. 이로부터 우리는 고요히 생각할 수 있게 된다. 고요함에 다다르는 최선의 길을 스스로 정확하게 판단해야 한다. 여기 당신이 선택할 수 있는 처방전을 몇 가지 주겠다.

우선, 몸을 고요하게 하도록

(1) 조용히 누워서 얼마나 고요하게 호흡할 수 있는지 보라.

(2) 차분히 앉아 머리가 자신의 온전한 무게로 매달려 있을 때까지 머리를 매우 천천히 떨어뜨려라. 마치 척추의 아랫부분에서 위를 향해 밀어 올리듯, 또는 그곳으로부터 위로 자라나듯이 머리를 아주 천천히 들어 올려라. 머리가 척추로부터 쭉 올라오는, 느리고 진정되는 움직임을 느껴보라. 가슴을 편안하게 높은 위치에 둘 수 있을 때까지, 머리를 꼿꼿이 세우지 마라. 머리가 바르게 섰을 때 숨을 길고 고요히 들이쉰 다음, 다시 머리를 떨어뜨려라.

5분이면 두 번 정도 이렇게 머리를 떨구었다가 올리는 과정을 반복할 수 있을 것이다. 나중에는 머리를 떨어뜨리고 올리는 한 번의 과정을, 5분 정도 시간을 들여서 해야 한다. 이후 약 2분 동안 길게 호흡해야 한다.

머리를 가능한 한 멀리 떨어뜨렸을 때 머리를 움직이지 말고, 1분간 멈추어 머리의 무거움을 느껴보라. 그다음 척추의 맨 아랫부분에서부터 시작해, 아주 천천히 머리를 들어 올려라. 호흡을 붙잡지 않도록 주의하라. 머리가 움직이는 동안 할 수 있는 한, 호흡을 편안하고 고요히 관찰하라. 이 연습이 목덜미나 척추를 아프게 한다고 해도, 크게 개의치 말고 지속해나가라. 곧 통증이 사라지며, 평화로워지는 걸 알 것이다.

다시 바로 선 자세로 돌아왔을 때, 그곳에 고요하게 머물러 있어라. 처음엔 길고 부드럽게 호흡을 들이마시고, 자연스러운 길이가 될 때까지 호흡을 짧게 줄여가며 나중엔 호흡에 대해선 잊어버려라. 그리고 마치 이전에 전혀 움직이지 않았던 것처럼 움직이지 않을 예정이며, 전혀 움직이지를 원치 않는 것처럼 가만히 앉아 있어라. 이는 뇌에 자연스러운 고요함을 각인시키며, 자신의 고요하지 못함을 더 예민하게 자각하도록 해준다.

점차 당신은 불필요한 흥분상태로 살아가는 자기 자신을 멈추는 습관이 생길 것이다. 자리를 떠서는 안 되며, 훈련해야 한다. 이러한 방식으로 흥분상태를 다스리고, 이 훈련을 하면서 받았던 뇌의 인상을 다시 불러올 수 있으면 진정한 힘을 얻을 수 있다.

점차, 흥분된 상태는 바람 부는 날의 먼지구름처럼 불쾌한 것이 된다. 그리고 고요함은 6월의 맑은 날 언덕 꼭대기에 서 있는 나무에 앉아 있는 것처럼 기쁜 일이 된다. 문제는 우리가 먼지구름 속에서 살아가면서 6월의 맑은 날이 존재한다는 사실조차 모른다는 점이다.

그러나 운이 좋아 먼지로 재채기를 하면서 이것이 불쾌하다는 것을 인지하면 어떻게 될까. 여기서 벗어날 길이 없는지 살펴보길 원하게 된다. 그제야 비로소 모든 인간의 정상적인 상태라고 할 수 있는 진정한 고요함을 얻을 수 있다. 내면에 고요함이 자리를 잡았다고 느끼려면 오랜 기간 훈련을 지속해야 한다. 가질만한 가치가 있는 것은, 그것을 이루기 위한 작업을 할 만한 가치가 있다. 또 가질만한 가치가 커질수록 그에 수반되는 작업도 어려워진다.

신경계는 습관을 형성한다. 우리 모두의 신경계는 먼지 구덩이 속에서 살아가는 습관을 들였다. 처음으로 맑은 공기 속으로 들어가기 시작할 때, 맑은 공기를 몹시 싫어하며 다시 먼지 구덩이 속으로 황급히 되돌아갈 수도 있다. 먼지에 익숙해져 있기 때문이다. 하지만 우리는 나쁜 습관들을 정복해야 한다. 이 훈련을 지속하는 과정에는 어려움이 많지만, 그 보상은 매우 가치 있다. 이어지는 글에서 여러분에게 보여주고 싶은 게 있다.

언젠가 서둘러 바삐 가는 사람들이 매우 많은 번잡한 거리를 걸었던 적이 있었다. 사람들의 얼굴은 일그러지고 찡그려져 있었다. 그 누구도 좋은 시간을 보내는 것처럼 보이지 않았다. 돌연 나는 어떤 남자가 매우 고요한 얼굴로 내게 다가오는 것을 보았다. 그 얼굴은 마치 폭풍 속 눈의 고요함처럼 보였다. 그의 옷차림새나 생김새는 그다지 특이하지 않았다. 그저 평범한 사람처럼 보였다. 그러나 그의 표정은 자신과는 매우 대조되는 사람들에 대한 고요한 관심으로 가득 차 있었다. 그는 자기의 생각에 매몰되어 있지도 않았다. 그는 군중의 일부이자, 흥미로 가득한 관찰자일 뿐이었다.

그라면 아마 이렇게 말했을 것이다.

"아이고 사람들아, 당신들이 그렇게 호들갑을 떠는 일들을 좀 더 편안하게 대한다면 그 일을 더 잘할 수 있을 거야."

그가 이렇게 생각했다면 그 생각은 아주 따뜻한 유머에서 나왔을 것이다. 그는 내게 '세상 속에서 살아가지만, 세상에 속하지 않는다'라고 하는 것이 실질적으로 어떤 의미인지에 대한 새로운 깨달음을 주었다.

세상과는 별개의 존재로 머무를 때 당신은 초연히 관찰할 수 있고, 세상사에 훨씬 더 많은 역할을 할 수 있다. 그러나 세상에 속해있다면 자신이나 다른 사람에게 얼마나 위선을 떨며 살든, 그저 먼지의 소용돌이 속에서 살아가는 삶일 뿐이다.

08
피로의 늪에서 벗어나는 법

●"피곤해, 너무 피곤해. 자도 피곤하고, 일어나도 피곤하고, 하루 내내 피곤해!"

얼마나 많은 여성이 자기 자신, 그리고 다른 사람에게 이런 얘기를 끊임없이 하고 있는가.

이 말은 진실이다. 그들은 늘 피곤하다. 그들은 잠을 잘 때도, 일어났을 때도, 종일 피곤하다. 그러나 그들이 계속 정신적으로 자신이 피곤하다는 걸 강조해서 오히려 자신의 피로를 더 키우고 있는 걸 알 수 있다면 어떨까. 또 피로를 강조하기보다는 줄이는 방향으로 노력할 수 있다면 어떨까. 그러면 피로한 느낌의 상당 부분이 해소될 수 있지 않을까.

많은 여성이 방법만 안다면, 피로가 아닌 휴식의 방향으로 기쁘게 노력할 것이다. 나는 이 글에서 피로를 치료하는 처방전을 선물하고자 한다. 따라 해보면, 좋은 결과를 얻을 수 있다.

당신이 얼마나 피로하건, 잠자리에 들기 전에는 내가 얼마나 피로한지 생각하기보다 침대에 들어가 쉴 수 있다는 게 얼마나 좋은 일인지 생각하라.

처음에는 조금 이상한 얘기로 들릴 것이다. 아마 "웃기는 일이야. 1, 2주 동안 침대에 누워있어도 피로가 완전히 풀리지 않는다고!"라는 말을 할 수도 있겠다.

답을 주겠다. 단지 하루밤에 쉴 시간이 없다면 어떻게 하겠는가. 밤에 푹 쉴 수 있기를 바랄 것이다. 그러나 당신이 침대에서도 피로하다는 얘기를 한다면 당신은 정말 그 피로에 매여 있는 거다.

이건 마치 늪에 들어가 앉아 황량한 시선으로 주위를 둘러보며 "와, 이런 습지에 앉아 있어야 하다니! 시커멓고 질척한 습지에 내내 앉아 있어야 한다는 생각만으로도 끔찍해"라고 말하면서, 거기에서 벗어나기 위한 노력은 하나도 하지 않는 것과 같다. 심지어 바로 앞에 육지가 보이는데도, 그들은 이렇게 말하며 제자리에 머물러 있다.

당신은 다시 이렇게 말할지 모른다.

"아, 내 피곤의 늪 앞에는 육지가 없어요, 전혀요!"

나는 당신이 눈을 뜬다면, 그리고 눈을 뜨고자 노력한다면 세상엔 당신이 생각하는 것보다 훨씬 더 많은 육지가 있을 거라고 얘기해 줄 수 있다.

잘못된 방향으로 넘어지며 살아갈 때, 바른 방향으로 노력해보지 않은 사람들은 노력에 어떤 유익함이 있는지 모른다. 처음으로 바른 방향을 배운 사람이 노력하면 때로 아주 멋진 결과를 얻는다. 고착화가 된 피곤의 늪을 제거하려면 처음엔 아주 강한 노력이 필요하다. 피로의 늪에서 벗어나 휴식을 소중히 여기는 습관이 들 때까지 노력하면 점차 이 과정이 쉬워질 것이다.

우리는 누누이 스스로 결단을 이야기해야 한다. 또 말의 의미를 생각하고, 고집해야 한다.

"아주 피곤해. 물론이지. 아주 피곤해. 하지만 난 침대에 가서 쉴 거야."

하루가 저물어 휴식의 시간이 왔을 때, 몸과 마음의 방향을 휴식으로 돌려놓으며 자기 자신에게 얘기해줄 수 있는 수백 가지의 방법들이 있다.

이 연습을 시작할 때 가장 필요한 것은 무엇일까. 바로 피로에 저항하는 것을 멈추는 것이다. 피로에 대한 모든 불평은 저항으로 가득 차 있다. 피로에 대한 저항은 이에 비례해 피로감을 더할 뿐이다. 그래서 스스로 "그래, 난 피곤해. 미치도록 피곤해. 기꺼이 피곤해지겠어!"라고 말하는 것이 좋다. 이렇게 우리가 피로를 유발하는 신경과 근육의 긴장을 내려놓는 데 의지를 사용해왔다면, 새로운 의미를 담아 이렇게 덧붙일 수 있겠다.

"그리고 나는 이제 침대로 돌아가 쉴 거야."

누군가는 다음과 같이 말할 수 있다.

"그건 적당히 피곤한 사람에게는 도움이 되겠지만, 나에게는 별 효과가 없을 거예요. 난 너무 피곤해서 그걸 시도할 기력조차 없는걸요."

이 독자에게 나는 이렇게 답하겠다.

"피로할수록 시도할 필요가 있어요. 그 실험은 더 흥미로운 것이 될 거예요."

피로를 벗어버리려는 노력은 당신에게 새로운 시도일 것이다. 또 새로운 방향의 사고는 언제나 그 자체로 평온함을 가져온다. 밤에 잠을 자러 갈 때 피로함을 강조하는 습관을 내던져 버리는 법을 배우면, 점차 식사하기 전과 일상의 모든 일에서도 피로의 늪에서 벗어나는 법을 배우게 된다. 피로할수록 의도를 지성적으로 사용하여 피로를 최소화할 필요가 있다.

"누가 이렇게 단순하고 쉬운 게임에 신경을 쓰겠는가? 아무런 노력을 하지 않아도 이길 수 있는 게임에 누가 관심이 있겠는가?"라고 물을 수 있겠다.

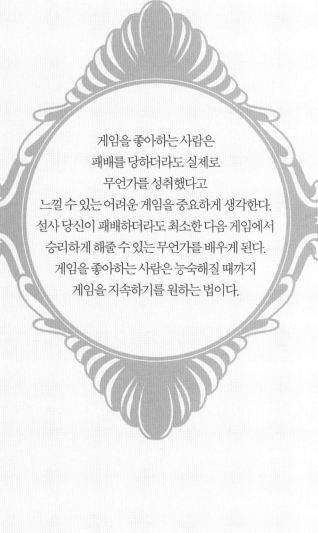

게임을 좋아하는 사람은
패배를 당하더라도 실제로
무언가를 성취했다고
느낄 수 있는 어려운 게임을 중요하게 생각한다.
설사 당신이 패배하더라도 최소한 다음 게임에서
승리하게 해줄 수 있는 무언가를 배우게 된다.
게임을 좋아하는 사람은 능숙해질 때까지
게임을 지속하기를 원하는 법이다.

왜 잠에서 깨어나 삶이라는 가장 흥미로운 게임에 관심을 가지고 용기를 내어 참여하지 않는가? 우리는 이 게임을 해야만 한다! 그러나 우리 중 몇몇은 자신을 그 게임의 바깥으로 빼내려 할 만큼 겁이 많다. 게임에 참여하고 규칙을 따르지 않으면 우리는 진실로 게임을 하는 것이 아니다. 우리 중 많은 이들이 규칙을 모른다. 그러나 이 규칙을 찾는 것은 우리의 몫이다.

많은 이들이 우리가 게임의 규칙을 스스로 만들어낸다면 게임을 더 잘할 수 있다고 생각한다. 그래서 우리에게 편안함을 주지 않는 일반적인 규칙을 생략해버린다. 그러나 그것은 절대 성공하지 못한다. 단지 가끔 성공하는 것처럼 보일 뿐이다.

평범한 상식은 게임이 우리의 생각에 따라 진행되지 않는다는 걸 반복해서 보여준다. 그런데도 게임 법칙을 따르는 것이 아니라, 자신의 방식으로 게임을 하려고 애쓰며 밀어붙이는 것을 보는 건 참 이상한 일이다. 찾고자 한다면 바로 옆에 길이 있는데도, 많은 사람이 이 방향, 저 방향 맹목적으로 밀고 나가는 모습을 보면 의아한 마음마저 든다.

우리 대부분은 자신의 힘을 깨닫지 못한다. 차라리 도랑에 빠져 불평하는 것을 택하기 때문이다. 힘은 힘을 낳는다. 우리는 지금 자신이 가진 힘을 지성적으로 사용해야만 더 큰 힘을 발견할 수 있다.

09
어떻게 병들고,
어떻게 건강을
회복할까?

● 질병은 바쁘게 살아가는 여성에게 가장 일어나기 힘든 일처럼 보인다. 열심히 일하며 근근이 살아가는 여성에게 질병이란 밥을 굶어야 한다는 의미와도 같다. 때로 매우 급작스레 심각한 질병에 걸려 끼니나 주거공간을 돌보는 게 어려울 때도 있다. 그러면 다른 이가 문제를 마주해야 한다. 다른 사람의 돌봄이 없으면 그 사람은 죽을지도 모른다. 그땐 건강을 회복하는 것 말고 별로 중요한 것이 없다.

많은 여성이 이렇게 질질 오래 끄는 질병으로 고통받아왔다. 귀찮은 질병은 한 여자를 집에서 1주일, 또는 10일, 그 이상 쉬게 한다.

그리고 그녀가 받아왔던 임금, 그녀에게 매우 필요한 임금을 못 받게 만든다. 질병으로 생기는 이러한 문제는 견디기 힘든 것이다. 심지어 그녀는 완전히 회복되기도 전에 평소의 업무로 돌아가야 한다. 창백하고 허약해져서 일터로 돌아가지만, 자신에게 놓인 일들을 처리하기엔 힘이 부족하다. 매일 일을 하도록 스스로 밀어붙이지만, 그녀의 힘은 너무나 천천히 회복되어 마치 다른 질병을 앓고 있는 것처럼 보인다.

질병을 대하는 방법에 대한 몇 가지 중요한 요점들이 있다. 이 법칙에 따라 행동한다면 병을 앓는 기간을 단축할 수 있다. 그뿐만 아니라, 더 빠르게 회복되어 일터로 돌아왔을 때 병에 걸리기 이전보다 더 건강하고 힘이 있다고 느낄 것이다.

사소한 질병에 걸렸을 때, 그것을 지성적인 방식으로 대한다면 어떨까. 오히려 질병을 통해 충분한 휴식을 취하고, 기분이 더 나아지며, 질병을 앓기 전보다 더 건강한 모습을 보인다. 친구들을 만났을 때 그들이 던지는 농담으로 효과를 경험하는 경우가 많다.

"야, 한동안 아팠는데, 어떻게 그리 건강해 보이는 거야?"

질병을 앓을 때 자연은 언제나 건강을 지향한다는 사실을 기억한다면, 질병을 치유하기 위한 조건을 충족하는 법을 주의 깊게 학습할 수 있다. 우리는 건강을 지향하는 자연이 목적지에 도달할 때까지 고요히 휴식할 것이다.

이런 의미에서 질병은 우리에게 좋은 휴식을 주는 기회가 된다. 질병이 우리로부터 빼앗아 간 에너지의 손실을 느낄 수 있겠지만, 또한 그동안 늘 피로했던 장기들이 쉬는 효과도 느낄 수 있다. 휴식을 취한 장기는 그동안 고장이 나 있던 다른 장기들이 힘을 회복하는 것을 돕는다. 그래서 우리는 질병에서 회복해 밝은 얼굴로 일어나 매우 상쾌한 느낌이 들 수 있다. 우리는 잃어버린 시간을 슬퍼하지 않고, 다시 일할 준비가 되어 있다고 느낄 것이다. 그리하여 재정적 손실까지 천천히 수습해갈 수 있다.

물론 이렇게 좋은 결과를 얻으려면 어떻게 자연의 조건을 충족시켜야 하느냐가 문제다.

우선, 조바심내지 마라.

"내가 매일 돈을 까먹고, 앞으로 얼마나 더 누워있어야 하는지 모르는데 어떻게 조바심 나지 않을 수 있겠어요?"라고 물을지 모른다.

나의 답은 이렇다.

"상식적으로 생각한다면 조바심으로 인한 긴장은 근본적으로 건강이 회복되는 것을 방해할 뿐임을 이해할 거예요. 자신의 힘을 조바심내는 데 사용한다면, 당신은 병을 치료하는 데 써야 할 자신의 생명력을 훔치는 겁니다."

그뿐만이 아니다. 조바심으로 인한 긴장은 질병을 더 심하게 한다. 또 건강의 회복을 지연시킬 뿐만 아니라, 당신이 계속 아프게 만든다.

이러한 사실을 깨달을 때, 건강을 회복하려면 초조함을 멈추는 것이 필요하다는 것을 알게 된다. 질병이 얼마나 심하건, 질병에 대해 초조해하고 걱정하는 것은 우리가 걸어가야 할 방향이 동쪽일 때 서쪽으로 걷는 것과 같다. 멈춰서 한번 생각해보라. 그게 진실이 아니던가?

건강한 사람들이여, 무의식에까지 새겨두자

● 가시에 찔린 아이를 상상해보라. 아이는 고통에 몸부림치며 소리를 지르고 있다. 엄마가 가시를 찾아 그것을 빼내는 데에는 5분이 걸린다. 일을 마치면 아이는 5초 내로 고통에서 회복된다. 그러나 가시를 빼내려면 아이가 고요하게 있어야 하고, 엄마가 핀으로 빼낼 수 있게 놓아두어야 한다.

이것은 자연이 우리를 병들게 하는 가시를 찾아내고, 그것을 제거하는 과정과도 같다. 우리는 초조해하고 걱정하여 3일이면 끝날 자연의 작업을 10일, 20일이 걸리게 한다.

초조함을 내려놓으려면 어떻게 해야 할까. 건강이 우리에게 이른 시간에 다가올 수 있는 방향으로 생각하고, 느끼고, 행동해야 한다. 우리는 걱정으로 인한 근육의 긴장을 내려놓아야 한다. 휴식하는 느낌으로 가만히 누워 내면에서 작동하는 치유의 힘을 기다려야 한다. 우리는 의지를 사용해 이런 연습을 할 수 있다.

약을 먹는 것과 불안을 내려놓아서 건강을 회복하는 치유의 힘 중 어느 하나를 택하라고 한다면? 어떤 망설임도 없이 후자를 택할 것이다. 초조함에 대해 먼저 이야기한 이유는 그것이 너무도 자주 건강을 방해하는 가장 큰 요소로 작용하기 때문이다.

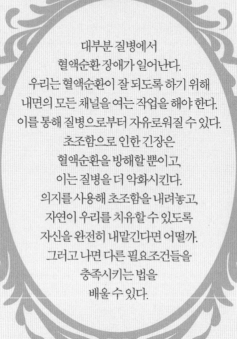

대부분 질병에서
혈액순환 장애가 일어난다.
우리는 혈액순환이 잘 되도록 하기 위해
내면의 모든 채널을 여는 작업을 해야 한다.
이를 통해 질병으로부터 자유로워질 수 있다.
초조함으로 인한 긴장은
혈액순환을 방해할 뿐이고,
이는 질병을 더 악화시킨다.
의지를 사용해 초조함을 내려놓고,
자연이 우리를 치유할 수 있도록
자신을 완전히 내맡긴다면 어떨까.
그리고 나면 다른 필요조건들을
충족시키는 법을
배울 수 있다.

맑은 공기와 영양, 목욕, 또 필요하다면 적절한 종류의 약을 먹을 수 있겠다. 이렇게 우리는 자연을 방해하는 대신, 자연을 돕는 데 힘쓴다. 병자와 자연이 조화롭게 협력할 때 건강은 빨리 회복된다.

질병으로 괴롭고 불편할 때, 그 고통에서 기인한 모든 긴장을 내려놓는 노력은, 초조함으로 인한 긴장을 내려놓는 것과 같은 일이다. 어떤 사람이 진실로 지혜로운 의사나, 간호사를 찾아 이런 설명을 들을 수 있고 지시를 따른다면, 건강을 회복하는 데는 그 한 번의 방문으로 충분하다. 진료비와 비교해 몇 배나 많은 유익함을 얻게 된다.

나는 현재 건강한 사람들을 위해 이 글을 썼다. 질병으로 고생하는 사람들이 여기서 말하는 치유의 마음 자세를 갖기를 기대하는 것은 너무 과도한 것인지도 모른다. 하지만 현재 건강한 사람일지라도 이 글을 읽으며 질병을 대하는 건강한 방식을 잘 이해하여 무의식에까지 새겨두자. 그러면 언젠가 질병에 걸리는 불운을 맞이했다고 하더라도, 이러한 앎을 사용해 커다란 이익을 얻을 수 있다. 또 다른 사람들도 이 지혜를 활용하도록 요령 있게 도움을 줄 수 있다.

이와 같은 방법을 이해하려면, 이 법칙을 자신에게 적용할 기회가 없더라도 다른 사람을 돕는 데 적용하길 바란다. 누군가 우리의 조언을 듣고 그 말을 따라, 이 법칙이 진실임이 입증되면 어떨까. 그렇게 되면 진실은 자신의 정신에 온전히 각인된다.

그러나 이 사실을 잊어서는 안 된다. 다른 사람의 건강을 회복하는 것을 돕는 데는 인내심과 평온함, 한결같음이 필요하다는 것을.

10
여자아이에게
체육이 좋은 걸까?

● 몇몇 여인들이 여고생들의 농구경기를 관전하고 있었다. 휴식시간에 한 여성이 다른 이들에게 이렇게 말했다.

"얘, 저기 등대고 누워있는 애 말이야. 무거운 모래주머니처럼 생기지 않았니?"

"맞아. 이렇게 날이 좋은데 쟤는 그동안 도대체 뭘 했기에 저렇게 살찌고 둔해 보일까?"

첫 번째 앉아 있던 여자가 웃으며 이렇게 말했다.

"자, 이제 걔가 경기하는 걸 봐."

그들은 기다렸다가 그 여자아이가 경기하는 것을 지켜보았다. 예상외로, 휴식시간에 바닥에 등을 기대고 누워있던 '게으르고 둔해 보이는' 학생이 선수 중 가장 활동적이었으며, 경기를 승리로 이끌었다. 그들은 놀라움을 금치 못했다.

경기가 끝났을 때, 여자들은 놀란 목소리로 "너는 어떻게 그 애가 잘할지 알았어?"라고 물었다. 그 여자는 "나는 저 애를 알아. 그리고 우린 같이 키플링이 쓴 『몰타 고양이』 이야기를 읽었지. 그 이야기에서 나온 제일 잘 뛰는 조랑말 기억나? 걔들은 일이 끝나면, 머리를 축 떨어뜨리고 완전히 기진맥진해 보이거든. 그게 사실은 뛰어야 할 때가 왔을 때 힘을 발휘하려고 그러는 거잖아. 기다리는 동안 머리를 치켜들고, 발을 동동 구르는 어리석은 말들을 몰타 고양이가 어떻게 쫓아갔겠어? 그 이야기의 결론, 기억하지 않아?"

"아니, 아직 그 이야기를 읽어보지 못했어. 하지만 오늘 네가 하려고 하는 얘기가 증명되는 걸 봤잖니. 당장 그 책을 읽어야 할까 봐. 그 얘기의 핵심을 곧장 이해하고 실전에 써먹는 저 영리한 여자애랑 얘기를 나눠봐야겠어."

"그래. 부탁인데, 우리가 나눈 얘기는 걔한테 하지 말아줘. 그러면 주의가 자신에게 집중이 되어서 다음 게임에서 질지도 몰라. 자의식이 없어야 그 애처럼 뛸 수 있는 거니까, 얘기하면 안 돼."

여자들은 여학생에게 다가가 그 여학생의 활약상에 관해서는 얘기하지 않고, 그 학생의 팀이 이겨서 기쁘다고 얘기했다. 그 여학생은 휴식을 취할 시간이 왔을 때 수동적인 상태로 쉴 수 있어야, 다음 활동에서 더 기민하고 힘차게 행동할 수 있다는 법칙을 알았던 거다. 똑똑한 조랑말은 그것을 당연한 것으로 알고 있었다. 그러나 우리는 그것을 애써 발견해야만 한다.

이제 이 농구를 잘하는 여학생의 이야기를 좀 더 가까이에서 살펴보자. 이 학생은 근육을 고르게 발달시켰을까? 정말 그렇다. 체육관에 다녔는가, 아니면 운동을 경멸하는 학생이었나? 그녀는 정기적으로 일주일에 두 번씩 체육관에 가서 재밌게 놀다 왔다. 그러나 교실에서 다른 여학생들과 이 아이 사이에는 대조되는 차이가 있었다. 제인(이렇게 부르기로 하자)은 자신이 원하는 결과를 이루는 수단으로 체육관에 다녔다. 체육관에 다녀서 더 잘 걷고, 놀고, 일도 더 잘하게 되었다. 체육관에서 그녀는 활동적인 삶을 위한 기초 근육을 만들었다.

제인이 다녔던 체육관은 체스트 웨이트(흉곽(胸廓) 교정 운동 용구인데, 끌어올리는 중량을 조절함으로써 팔의 근력을 높일 뿐만 아니라 가슴의 근력을 강화하는 데도 이용된다. 체육관에 웨이트트레이닝용 비품으로 많이 설치하고 있다-옮긴이 주)를 제외하고는 평범하지 않은 방식으로 운영되었다. 수업에 온 학생들은 오늘 무엇을 할지 전혀 예상하지 못했다. 이로 인해 학생들의 정신은 한 시간 반 내내 깨어있었다. 주의가 흩어지면 운동에서 넘어지거나 뒤떨어졌다.

이렇게 온 정신이 움직임에 집중하고 몰입할 때 몸도 살아났다.

자신에게 제일 와 닿는 방법으로 휴식하기

● 제인이 체육관에서 배웠던 또 다른 것은, 오직 필요한 근육의 활동만을 지시하는 것이었다. 손을 펴기 힘들 정도로 주먹을 꽉 쥐어본 적이 있는가? 시도해 본 적이 없다면, 지금 시도해보라. 손을 꽉 쥐고 있는 동안 온몸을 이완해보라. 몸이 더 부드러워질수록 주먹을 더 단단히 쥘 수 있음을 발견할 것이다. 모든 힘이 한 방향으로 흐르기 때문이다. 이는 온전한 주의집중이 방해물을 내려놓는 것으로부터 온다는 사실을 간략히 설명해준다. 몸과 마음의 힘이 사용되어야 할 곳에만 사용되어야 하는 것이다.

많은 여학생이 체육관 바닥에 앉아 자신에게 "난 저거 못해"라고 말하며 뇌를 잘못된 방식으로 사용한다. 이러한 생각으로 가득 차 있는 뇌에는 새로운 생각을 받아들일 여지가 없다. 그 결과 어색하고, 긴장되고, 확신 없는 움직임이 나온다. 여학생들의 뇌와 근육이 매우 이완되어, 뇌의 신호가 몸의 바른 사용과 움직임을 유발할 수 있다면 어떻게 될까? 신경계에 과도한 부담을 지우지 않고, 적절한 때에 적절한 근육의 긴장을 사용하여 운동하는 게 쉬워진다.

누군가 "우리가 체육관에서 원하는 것은 트레이닝이지, 스-트레이닝(Straining, 긴장시키기)이 아니에요"라고 말했다. 이런 관점에서 훈련을 받을 때만이 진정한 훈련을 받는 셈이다.

키플링의 조랑말 이야기에서 흥미를 느꼈던 제인은 운동 이후 자신에게 제일 와 닿는 방법으로 휴식하는 법을 배웠다. 격렬한 운동 이후 혈액이 온몸을 활발하게 순환할 때, 혈액이 몸의 노폐물을 더 효과적으로 제거할 수 있게 하는 방법 말이다. 자신이 완전히 열리고, 수동적일 수 있도록 놔두어 혈액순환을 방해하지 않아야 한다는 게 그 방법이었다.

이렇게 해야 운동에서 최대한의 효과를 얻는 것이다. 항상 격한 운동 이후에 바닥에 등을 대고 누워서 몸을 충분히 수동적으로 만들어야만 운동에서 최고의 효과를 얻는 것은 아니다. 운동 후에 의자에 앉아야 한다면, 별 긴장 없이 의자에 앉아 있을 수 있다. 체육관에서 집으로 걸어서 돌아오며 편안하고 자유롭게, 리드미컬한 균형 속에서 발꿈치를 밀며 걸을 수 있다. 체육관에 다니든, 그렇지 않든 격렬한 운동 직후 균형 잡힌 최선의 방식으로 앉고 걷는 법을 아는 것은 어떤 도움이 될까. 앉고 걸을 때 항상 좋은 자세를 유지할 수 있도록 해준다.

나는 여자 대학교에서 교수직을 제안받았으나, 제안을 거절했던 한 교수를 알고 있다. 여자들이 도무지 강의에 반응하지 않는다는 이유였다. 여학생들에게 강의할 땐 학생들이 일견 주의를 기울이며 듣고 있는 거처럼 보이지만, 강의에 대한 반응은 없었다. 편지에 대한 답장이 없는 것과 같은 것이다. 물론 모든 여학생이 다 그렇다는 것은 아니다.

여자대학의 교수직을 제안받았던 그 남자 교수도 이것이 모든 여학생에게 적용되는 이야기가 아니라는 데 동의할 것이다. 하지만 이 말에 화를 내는 대신 현실을 관찰해보라. 그것이 얼마나 많은 여학생에게 적용되는 진실인지를. 그러나 조금 더 나아가 생각해보면, 이건 단지 지금 이 시대 여학생들만의 잘못이 아니라는 걸 알 수 있다.

체육 수업에도 지적인 반응이 필요하다

● 1백여 년 전엔 여학생이 생각한다는 것은 이상한 일이었다. 지성적인 노부인이 자신의 어머니 일화를 들려준 것을 기억한다. 노부인이 어린 소녀였을 때, 어머니의 몇 가지 잘못을 발견했다. 그리고 그것이 불공평한 일이라는 것을 알았다. 그녀가 조심스럽게 "하지만 엄마 내 생각엔……"이라고 말하려 하면, 어머니는 날카로운 목소리로 "생각하는 것은 네가 관여할 일이 아니야!"라고 쏘아붙였다고 한다.

1백여 년 전, 여학생들이 생각한다는 것은 매우 예외적인 일이었다. 그러나 이제 우리는 점차 모든 여학생이 생각하게 될 세상으로 나아간다. 여대생들이 반응하는 습관을 습득하여 그들에게 강의하는 누구라도 어떤 활력을 느낄 수 있는 날도 그리 머지않은 것이 분명하다.

여학생들의 뇌는 잘 반응하지 않는다는 사실이 여러 방면으로 증명되었다. 신경병 전문의를 찾는 남자들은 의사에게 반응하고, 자신이 해야 할 바를 지성적으로 해나가 신경질환으로부터 금세 빠져나온다. 이에 비해, 대부분 여성은 의사가 진료하는 동안 가만히 앉아 회복되기를 기다리는 것처럼 보인다.

여학생들은 종종 약간만 좋아지는 듯하다가 충분히 건강을 회복하기 이전에 다시 슬럼프에 빠지곤 한다. 사람들은 여성이 정신적으로 반응할 수 있는 건강한 정신을 가지고 태어나지 않는 것 같다고 말한다. 하지만 이건 단지 여학생들의 잠재력을 일깨우려 하는 말일 뿐이다.

여학생과 체육 교육에서 지성적인 반응의 필요성이 대두되었다. 체육은 어떤 목적을 달성하려는 방법이어야 한다. 그게 전부다. 목적을 성취하는 방법으로 체육을 지성적으로 가르칠 때, 그것은 매우 즐겁고 힘을 증진하는 활동이 된다. 그러나 방법에 대한 이해 없이 단지 목적만이 존재하는 체육 교육은 학생들의 힘만 빠지게 할 뿐이다.

문학이나 철학, 과학 수업처럼 체육 수업에서도 학생들에게 주어지는 자극에 대한 지성적인 반응이 필요하다. 체육 교육을 받으면서 이를 통해 삶을 평온하게 살아간다거나 수면을 잘 취하는 법에 대해 생각하지 않는 여학생들은 얼마나 많은가. 인기 과목이라 체육 수업을 받으면서도 시골길을 걷거나 야외에서 하는 활기찬 운동에 참여할 생각을 하지 않는 여학생들은 또 얼마나 많은가.

주변에서 일어나는 모든 일에 관심을 기울이고, 진심 어린 목표를 가지고 맑은 공기를 마시며 운동하는 것은 우리가 할 수 있는 최상의 운동일 것이다. 그러나 체육 교육이 야외에서 더 많은 것을 할 수 있게 하고, 그것을 더 잘할 수 있도록 하며, 그 활동을 통해 생명력을 얻게 해주는 방편이 아니라면 아무짝에도 쓸모없는 일이다.

바른 호흡에서 오는 기쁨

● 우리가 고려해야 할 요점을 잘 보여주는 여학생이 한 명 있다. 그녀는 건강이 악화하여 신경과 전문의를 찾아갔다. 의사가 밖에서 운동했냐고 묻자 "물론이지요"라고 답했다. 이 여학생에게는 좋은 말과 승마 실력이 있었다. 그녀는 지나치지 않은 선에서 적절히 말을 탔다. 개들에게도 관심이 많아서 개를 데리고 산책을 나섰다. 그녀는 개들과 아름다운 시골길을 걸었다.

그러나 그녀의 머릿속에는 항상 자기 삶에 대한 극도의 저항감이 있었다. 어떻게 저항감을 내려놓고, 상황을 직시할지 알지 못했다. 밤이든 낮이든, 걸을 때건 잠을 잘 때건, 그녀가 붙들고 있던 정신적인 압박감은 실외의 활동을 통해 원기를 회복하는 것을 방해했다. 그러나 자신의 상황을 직시하는 법을 배운 다음 운동을 할 때는 효과가 있었다.

한편, 활동적이고 좋은 운동들이 여러 불쾌한 감정과 신경적인 저항을 완전히 날려버린다면 어떨까. 정신이 너무나 명료해진 나머지, 자신이 언제 그리도 병적인 생각에 빠져있었는지 궁금해질 수도 있다.

우리가 야외활동을 좋아할 수 없게 하고, 산책하거나 산에 오르는 걸 사랑할 수 없게 하는 교육, 더 자유롭게 산책하고 등산할 수 있도록 도울 수 없는 교육. 야외에서 몸을 편안하게 움직이며 자신의 몸을 완전히 잊어버릴 수 있도록 하지 못하는 교육, 즐거운 눈으로 자신을 바라보며 살아있다는 게 얼마나 멋진 일인지 느낄 수 없게 하는 교육. 이런 체육 교육은 쓸모를 상실한 채, 겉치레에만 빠진 꼴이라고 할 수 있겠다.

등산을 더 기쁘고 나은 운동으로 만드는
흥미로운 사실에 대해 한 가지만 얘기하고 지나가자.
산에 처음 오르기 시작할 때는 코끼리가 산을 오르듯,
매우 느리고 무겁게 숨이 가빠질 정도로 등산을 시작해야 한다.
숨을 거칠게 쉬는 게 더 숨을 가쁘게 만들 수도 있다.
폐는 균형을 찾을 때까지 계속 확장과 수축을 반복하는
펌프질을 할 것이다. 이는 매우 기쁜 일이며,
이후 이어지는 신체적인 자유는 기쁨 이상이다.

다른 여성들이 조랑말을 타고 올라갈 때, 이러한 방식으로 높은 산을 걸어 올라가던 두 여학생을 기억한다. 마침내 가이드는 뒤를 돌아보고는 놀라면서 말했다.

"와! 당신들의 폐는 참 큰가 봐요!"

이것이 바른 호흡에서 오는 기쁨을 증명한다.

등산, 걷기, 수영 등 모든 야외운동에서 훌륭한 체육 교육을 통해 배울 수 있는 장점이 많다. 여학생들에게 이러한 장점들을 전달하여, 야외운동에 대한 자발적인 사랑으로 이끌 수 있다면 체육 교육은 좋은 것이다. 그러나 체육 교육이 단지 몸에 대한 자의식적인 태도를 가르칠 뿐이라면 그것은 해롭다.

우리는 고요한 신경계, 협응이 잘 이루어진 근육과 함께 건강한 몸과 모든 행동에서의 자유를 원한다. 그때 우리의 몸은 도구와도 같다. 좋고, 깨끗하며, 건강한 도구 말이다. 몸에 기름이 잘 칠해져 있고, 부드럽게 작동하는 기구와 같을 때 우리는 몸을 완전히 잊을 수 있다.

체육 수업이 지적인 관심으로 행해진다면 여학생들에게 좋을 거라는 점은 의심의 여지가 없다. 그러나 이러한 교육이 실질적인 이익을 위해 행해지려면 철저해야 한다. 예를 들어, 운동 이후 샤워를 하는 것도 혈액순환을 안정시키기에 중요한 부분이다.

체육 교육은 일상에서 움직임이 거의 없는 여학생들에게 잠깐 할 수 있는 건강한 운동을 제공한다는 점에서 도움이 된다. 야외에서 하는 운동에서 활기를 얻을 수 있게 준비한다는 점에서도 유익하다.

또 일상이 신체적인 활동으로 가득 차 있는 여학생들에게도 유용하다. 사용하지 않는 근육들을 발달시키며, 과잉 사용된 근육들을 쉬게 하기 때문이다. 열심히 공부하는 여학생들이 이렇게 체육관에 피곤한 상태로 들어갔다가, 완전히 휴식을 취하고 난 상태로 체육관을 나선다.

일상에서의
소소한 자유를 향한
여정

11
쉬듯이
일하기

● 주어진 시간에 중요한 과학 작업을 해내야 만 하는 남자를 만났다. 그는 토요일 오후 2시부터 월요일 오전 10시까지 한 시간의 수면과 식사시간을 제외하고는 한 번도 멈추지 않았다. 물론 일을 마친 다음엔 굉장히 피곤해했다. 그러나 곧장 침대로 들어가 잠을 자기보다는, 뇌의 긴장과 졸음을 놔두고 개와 총을 챙겨 몇 시간 사냥을 나섰다.

주의를 완전히 다른 곳으로 전환하는 게 뇌가 회복할 기회를 주는 셈이다. 신선한 공기가 몸의 상태를 회복시켰고, 부드러운 움직임이 혈액순환을 촉진했다. 일이 끝나고 곧장 잠에 빠져들었다면 피로를 푸는 데 며칠은 걸렸을 거다. 너무나도 비정상적인 긴장 상태에서는 자연이 곧장 일을 시작하는 데 무리가 있다. 맑은 공기 안에서 주의를 완전히 전환하고, 혈액순환을 촉진하는 것은 자연이 필요한 작업을 시작하기 위한 조건을 제공하는 셈이다. 그가 잠들어 있는 동안 자연은 계속해서 작업할 것이고, 그는 깊은 휴식을 취한 채 상쾌한 기분으로 잠에서 깰 것이다.

얼마나 중요한 일이건, 토요일 오후부터 월요일 오전까지 내내 글을 쓰는 건 참 어리석은 일이다. 비정상적인 시간과 속도로 일을 하는 건 대부분 어리석은 일이며, 근시안적인 행동이다. 그러나 예외는 항상 있는 법이다. 더구나 이런 예외적인 상황에서 일하는 사람들은 어떻게 자기 자신을 가장 잘 돌볼 수 있는지 아는 게 좋다.

어떻게 가장 편안하게 휴식을 취할지 알아야 할 필요는 단지 이렇게 비정상적인 일을 하는 사람들에게만 국한되지 않는다. 어떤 직종의 사람들에게든, 특히 종일 노동을 하는 사람들에게 또한 중요한 일이다. 거의 모든 사람이 대부분 하루가 저물 때면 피곤함을 느껴 의자에 털썩 주저앉거나 소파에 눕는다. 아니면 곧장 침대로 들어가 잠을 자고 싶다는 유혹을 느낀다. 그러나 그렇게 하지 마라.

단지 15분 또는 30분이라도 완전하고 활동적인 변화를 꾀하라. 도시에 살고 있다고 하더라도 산책갈 수 있다. 아이쇼핑이라도 하는 게 아무것도 안 하는 것보다 낫다. 이렇게 당신은 맑은 공기를 마실 수 있고, 아무런 갈망 없이 아이쇼핑하는 법을 안다면 상점을 둘러보는 건 꽤 흥미로운 일이다. 2, 3분 동안 상점 창문을 들여다보며, 시선을 돌려 방금 본 제품들을 얼마나 잘 기억하는지 확인해보는 것도 재미있는 게임이 될 수 있다. 이때 자신의 직종과는 다른 분야의 상점을 둘러보는 게 중요하다.

시골에 산다면 주변을 산책하는 건 도시에서보다 더 즐거운 일이다. 공기가 더 맑고, 나무와 하늘을 흥미롭게 구경할 수 있으며, 밤에는 별도 볼 수 있다. 그날의 일은 완전히 잊은 채, 걸으면서 길고 편안히 호흡하라.

밖으로 나갈 기분이 들지 않을 때 30분 정도 마음을 쏟고자 한다면 어떻게 하는 게 좋을까. 이야기책 또는 당신이 좋아하는 책을 읽어도 좋다. 정말 좋은 소설이 유용한 걸 과소평가하지 마라. 단지 기분을 전환할 뿐만 아니라, 그 소설이 아니었다면 알지 못했을 인간의 본성에 대해 알려주기도 한다. 좋은 소설을 읽으며 그날의 일에서 벗어날 수 있다. 이는 매우 행복한 시간일 것이다.

공기가 쾌적하고, 의자가 편안하며, 가격이 그다지 비싸지 않은 좋은 연극이 있다면 어떻게 할까. 아마 소설을 읽기보다 극장을 방문하는 게 나을 수도 있다. 가끔은 하루의 일이 끝난 뒤, 어떤 운동을 하는 것도 좋다. 또 음악을 좋아하는 사람이라면, 음악을 들으며 쉬어보자.

물론 문제가 되는 건 비용이다. 음악가들은 왜 적당한 가격으로 사람들에게 음악을 들려주는 콘서트를 열지 않는 걸까. 또 왜 좋은 연기와 이야기로 사람들이 감동할 수 있는 연극을 저렴한 입장료로 공연하지 않는 걸까.

습관적인 성향을 거부하고 상식을 따랐을 때

● 도시엔 공공 도서관들이 있다. 큰 도시의 사서들은 빈민촌에서 술 취한 남편을 두려워하며 가구로 문을 막아버리는 가난한 여인의 이야기를 읽어주는 걸 좋아한다. 그들은 공공 도서관에서 조용히 책을 읽어준다. 우리가 마치 공공 도서관에서 책을 찾는 것처럼, 좋은 연극들과 콘서트에 접근할 수 있다면 어떨까. 도시 전체의 건강은 그와 비례해서 증가할 것이다.

피곤할 때 쉬러 가기 전에 자신이 해오던 활동의 종류를 전환하는 게 건강한 태도라고 분명히 말할 수 있다. 이런 목소리가 들린다.

"오! 그건 불가능해요! 난 너무 피곤하거든요."

그게 어떤 느낌인지 잘 안다. 이틀 내내 글을 쓴 남자가 곧장 침대로 들어가 쉬고 싶은, 아주 강렬한 욕구가 있을 거라는 점에는 의심의 여지가 없다. 그러나 그에게는 상식이 있었다. 그는 자신의 습관적인 성향을 거부하고 상식을 따랐다. 그때 더 나은 결과를 낼 거라는 걸 잘 알고 있었다. 이건 삶으로 증명된 사실이다.

너무 피곤해서 다른 무언가를 하는 게 불가능한 것처럼 보일 때, 침대로 곧장 들어가 쉬는 것이나 앉아서 아무것도 하지 않는 것이 최선이 아니라는 사실을 자각하는 건 매우 어렵다. 뇌나 신체의 과도한 피로 이후에 격렬한 운동을 하는 건 아마 그릇된 선택일 것이다. 그러나 너무 과도하거나 긴 시간 동안 지속하지 않는다면, 주의를 완전히 전환하는 부드러운 운동은 필요하다. 이런 방식의 휴식을 시도해보려 결심한 독자는 곧 행복해질 거다.

최근 신문에 이런 기사가 실렸다. 애니 페이슨 콜은 "일하는 동안 휴식하라"라고 말한다. 그리고 편집자는 이렇게 덧붙였다.

"그리고 직장에서 잘려라."

글쎄, 편집자가 농담하는 기회를 놓쳐버리는 건 너무 아까울 수 있겠다. 하지만 그건 진실에 대한 자연스러운 오해다.

나는 피로에 매우 지쳐있는 여성이 편안하게 일하는 법에 관한 글을 읽으면서, 열정적으로 자신의 비통함을 쏟아내는 모습을 쉽게 상상한다.

"정말 잘 쓴 글이야. 괜찮아 보이는걸. 그런데 내가 하는 일을 한 번 해보라지. 편안하게 할 수 있나 보자고."

"사장이 나타나서 저렇게 게으른 방식으로 일하는 걸 본다면 나를 잘라버릴 거야. 그러면 안 되지. 아, 피곤해 미치겠어. 하지만 할 수 있는 한, 계속 이렇게 일해야 해. 앞으로 회사에 다니지 못한다면 난 죽어 버릴 거야. 그러면 끝이지."

"이건 단지 먹고 살기 위한 일에 지나지 않아. 그런데 밥벌이를 하고 나면 뭐가 남지?"

오늘날 수많은 여성이 심신이 완전히 피곤한 상태로 일하면서도 판에 박힌 듯한 노동방식에서 벗어나지 못한다. 결국 그 틀이 점차 깊어져 움푹해진다. 결국, 우리는 틀에 빠져 경계선 밖을 바라볼 수조차 없게 된다. 우리에게 이미 익숙해진 '어려운' 일이, 아직 익숙하지 않은 '낯선' 일을 하는 거보다 더 쉽다. 신경은 피곤한 방식일지라도 이미 익숙해진 낡은 방식대로 작동하는 게 긴장 없이 작동하는 새로운 습관으로 변화하는 거보다 더 쉽다고 느낀다.

피로가 정상적인 것으로 느껴질 때면 정신 또한 피로에 익숙해진다. 충분히 휴식했다는 느낌은 낯선 것처럼 보인다. 그러니 피로의 습관과 압박받은 정신에 익숙해진 사람이 긴장 없이 일을 더 많이, 잘할 수 있다는 아이디어에 화를 내며 거부하는 건 어찌 보면 논리적인 귀결이다.

'일하는 동안 쉬는 것'과 '편안하게 일하는 것'의 차이

● 긴장하며 일하는 습관을 지닌 사람이 긴장 없이 일하는 법을 배울 땐 급한 커브 길을 만날 수도 있다. 그 모퉁이

를 지난 후엔 편안하게 일하는 새로운 습관에 대한 지속적이고 주의 깊은 학습이 필요하다. 그리고 이렇게 새로운 습관이 만들어진다.

이런 습관이 생기면, 긴장 없이 일하는 방식은 일에서 매우 필수적인 부분이 될 거다. 긴장을 피할 때, 우리는 긴장하며 일할 때보다 더 많은 일을 잘 처리한다. 이를 발견하는 데에는 상식이 필요하다. 인격은 훈련으로 성장한다. 몸과 정신의 상식에 부합하는 방식으로 의지를 사용하는 데에는 약간의 지성이 요구된다. 우리가 지성을 사용하는 만큼 지성도 함께 성장한다. 영혼 안의 모든 좋은 건 사용하면 할수록 성장하는 법이니까.

'일하는 동안 쉬는 것'과 '편안하게 일하는 것'의 차이를 구별해 보도록 하자. '일하는 동안 쉬는 것'은 게으름을 내포할 수 있다. 일해야 할 시간이 있고, 쉬어야 할 시간이 있다. 일해야 할 시간에는 오롯이 일에 몰입해야 한다. 그리고 쉬는 시간에는 오롯이 쉬어야 한다. 휴식과 일을 뒤섞는다면 그 어느 것도 잘할 수 없다.

그러나 편안하게 일을 하는 건, 최소한의 노력으로 최대한의 효과를 내며 일하는 걸 의미한다. 바른 습관이 형성되면 그릇된 습관으로 일을 할 때보다 일을 더 많이, 더 잘 처리할 수 있다. 우리가 습관을 바꿀 때 '해고되는' 위험이 엄습하지 않을까. 이런 위험을 없애려면 자신의 습관을 천천히 바꾸는 것에 만족해야 한다. 토요일 밤에 완전히 탈진한 상태로 집에 돌아왔다고 해보자. 바로 침대로 들어가 일요일에 잠에서 깨지만, 잠자리에 들 때보다 더 피로하다고 느낀다. 일요일엔 일하러 가지 않아도 된다. 그러니 잠시 시간을 들여 일에 대해 생각해보며, 어디에서 불필요한 긴장을 만들어내고 있는지 찾아보자.

누군가 이렇게 말하는 게 들린다.

"하지만 생각하기엔 너무 피곤하단 말이에요."

과학적인 사실을 하나 말하자. 뇌를 한 방향으로 사용해 매우 피로해져 있을 때, 우리가 다른 방향으로 의지를 사용하기 시작하면 뇌는 쉴 수 있다.

"하지만 일에 대해 생각하는 건, 뇌를 같은 방향으로 사용하는 게 아닌가요?"

아니다. 일에 새로운 원리를 적용하는 법을 생각하는 건 이전에 당신이 전혀 생각하지 않았던 일이다. 그렇기에 당신은 새로운 방향으로 생각하는 셈이다. 그뿐만이 아니다. 당신은 새로운 원리를 적용해서 일에 활력을 불어넣는 거다.

이번 일요일에는 오전 한 시간쯤 시간을 내서
아래의 질문에 답하며
어떻게 과도하게 피곤해지지 않고 일을 할 수 있을지
배우며 몰입해보라.

(1) "일에서 내가 저항하고 있는 게 뭘까?"
당신이 저항하고 있는 각각의 것들을 찾아낸 다음, 마음에서 그 저항들을
내려놓겠다는 의도로 몸에 남아있는 긴장을 내려놓아라.

(2) "일을 완전히 내려놓고 평온하게 식사를 하고 있는가?"

(3) "신선한 공기를 마실 기회를 충분히 누리고 있는가?"

(4) "서두르고 바쁘다고 느끼는가? 그 일이 얼마나 바쁜건, 그 서두름으로 인한
압박감을 내려놓을 때 더 효율적으로 일할 수 있다는 사실을 알고 있는가?"

(5) "일을 할 때 얼마나 불필요한 긴장을 사용하고 있는가?
긴장감으로 일하고 있는가? 이런 긴장감을 자각하고 내려놓으려면
어떻게 더 잘 관찰할 수 있을까?"

이런 질문에 집중하고 해답을 발견한다면
그것을 부지런히 실천해보라.
얼마나 좋은 대답들이 당신을 찾아오는지,
그리고 그것들을 일상의 연습으로 삼았을 때
삶이 얼마나 명료해지는지 놀라게 될 것이다.

12
상상으로
다녀오는 휴가

● 매일 힘겨운 학교 일을 반복해서 만성 긴장과 피로에 지친 한 젊은 여교사가 있었다. 그녀는 아침에 일하러 가다가 되돌아와서, 긴장되고 피로한 목소리로 엄마에게 이렇게 말한다.

"엄마, 더 견딜 수 없어요. 더는 못해요. 숨 좀 돌리게 긴 휴가라도 다녀오지 않으면 신경쇠약에 걸릴 것만 같아요."

엄마가 물었다.
"왜, 오늘부터 휴가를 쓰지 그러니?"

딸은 약간 짜증을 내며 이렇게 말했다.

"엄만 왜 그렇게 멍청한 소리를 하는 거예요? 오늘 당장 일을 훌쩍 떠나버릴 수 없다는 걸 잘 알잖아요?"

"얘야, 그렇게 신경질 내지 말렴. 그게 무슨 의미인지 얘기해주마. 아마 너는 내가 하는 얘기에 고마워할 거야. 자, 들어봐. 난 네가 이걸 해낼 수 있다는 걸 알아."

엄마는 '가장하기' 방법을 아주 생생하게 설명했다. 상상력이 꽉막힌 사람에게는 이것이 흥미를 끌 수 없을지도 모른다. 그러나 이 젊은 여성은 이 방법에 진심으로 흥미를 느꼈을 뿐만 아니라, 그걸 시도해 성공을 거두었다. 어머니가 제시한 방법이란, 휴가가 이미 시작되었으며 즐거운 기분으로 학교에 가는 연기를 하라는 것이었다.

예를 들어, 그녀는 스스로 이렇게 말하고 믿었다.

"와! 휴가가 있다니 참 좋아. 휴가를 최대한 잘 보내려면 뭘 해야 할까?"

"중학교에 들러 아이들이 뭘 하는지 좀 봐야겠어. 아이들을 가르치는 건 아주 즐거운 일일 거야. 아이들이 내가 말하는 것을 받아들여 각자 다른 방식으로 배운 것을 흡수하는 걸 보는 거야. 이건 늘 흥미로운 일이지."

학교에 도착할 즈음에는 기분이 매우 좋아졌다. 그녀는 건물을 보며 "이것이 학교인가 보다"라고 말했다. 지난 5년간 이 학교를 늘

들락거렸지만, 소소한 게임을 통해 새롭게 본 학교의 모습은 꽤 새롭고 낯설어 보였다.

문을 열고 교실에 들어갔다. 아이들이 "굿 모닝!"이라고 인사했다. 그리고 몇몇 아이들은 그녀를 만나 즐거운 듯했다. 그녀는 자신에게 이렇게 말했다.

"저 애들이 나를 아나 봐. 어떻게 저 애들이 나를 알까?"

때로 그녀는 이 게임을 지속하는 것에 너무나 재미를 느낀 나머지, 거의 포복절도할 정도로 웃었다. 그녀는 낭독 교실에서 마치 아이들을 처음 가르쳐보는 양 귀를 기울였다. 각각의 학생들을 마치 이전에 한 번도 만나보지 않았던 아이들인 것처럼 바라보았다. 그녀는 교실이 더 쾌활해졌으며, 학생들과 자신 사이에 즐겁고 고요한 소통이 일어나는 것에 놀라워했다.

수업이 끝났을 때, 일을 매우 평온하게 마친 느낌이 들었다. 그녀는 모자와 코트를 다시 쓰고 집으로 갈 준비를 했다. 어머니에게 돌아갔을 때, 그녀의 얼굴엔 미소와 활기가 가득했다. 그리고 어머니는 그 모습을 보고 폭소를 터뜨렸다. 둘은 함께 웃었다. 잠을 자기 전, 두 사람은 맑은 공기를 마시러 산책을 나섰다.

휴가놀이는 직장 동료와 공유하지 마라

● 아침이 되자, 어머니는 약간 걱정스런 표정으로 머뭇거리며 이렇게 물었다.

"얘야, 어제처럼 오늘도 성공할 거라고 믿니?"

"물론이죠! 아마 어제보다 더 나을걸요? 너무나 재미있는 놀이에요."

아침 식사를 마친 후, 엄마는 눈을 찡긋하며 이렇게 말했다.

"앨리스야, 오늘도 좀 재미있는 시간을 보내는 건 어때?

"음, 제 생각엔……."

그리고 그 둘은 함께 웃었다. 앨리스는 둘째 날의 '휴가'를 시작했다. 이렇게 주말까지 그녀는 피로의 늪에서 벗어나 매우 즐겁게 보냈다. 시간이 흐를수록 학교와 아이들에 대한 새로운 아이디어들이 샘솟았다. 업무로 인해 무겁게 푹 처져 있던 그녀가 살아났다. 피로가 다시 엄습할 때, 그녀와 어머니는 언제나 휴가를 즐겼고, 그 순간 피로의 늪에서 더 쉽게 벗어났다.

당신의 상상력이 풍부하다면, 어느 직종에 있건 '휴가를 보내는' 놀이를 하는 건 유익함과 휴식을 가져다줄 것이다.

당신은 가게를 지키면서도 여성 의상을 만드는 놀이를 할 수 있다. 그리고 고된 노동을 하면서도 게임을 만들 수 있다. 그것은 일을 더 잘하게 할 뿐만 아니라, 자신을 평온하고 건강하게 해줄 것이다.

게임을 할 때 한결같고, 지속적이며, 조금은, 유치해야 한다. 중간에 멈춰서 "뭐 이렇게 어리석은 일이 다 있담!"이라고 말하며, 다시 피로한 상태로 털썩 주저앉지 마라.

내가 당신에게 말하는 것은 건강한 자기 최면술 그 이상도 이하도 아니다. 일 그 자체보다도 일을 대하는 우리의 자세와 태도가 스스로 더 피로하게 한다. 우리가 이 근본적인 사실을 배우고 깨닫는다면 불필요한 고통뿐만 아니라, 심지어 질병까지 예방할 수 있다.

물론 항상 휴가놀이를 할 필요는 없다. 게임은 점차 신선도가 떨어지고 힘을 잃을 것이다. 이런 휴가놀이는 너무 피로해서 더 견딜 수 없을 것처럼 느껴질 때 하도록 하자. 2, 3일 정도 또는 우리를 피로의 늪에서 건져 올릴 정도로 이런 게임을 충분히 즐긴다면, 다른 휴가가 필요해질 때까지 '다시 일하러 갈 수' 있다. 이런 천진난만한 태도에 두려워할 필요도, 부끄러워할 필요도 없다. 이런 게임은 성숙한 정신에 도움을 줄 테니까.

휴가놀이에 대해서는 직장 동료에게
얘기하지 않는 게 지혜로운 처신을 하는 셈이다.
직장 동료들과 나눈다고 해서 자신은 물론,
다른 사람에게도 도움이 될 만한 게임은 아니다.
설령 이 게임이 잘 먹힌다는 걸 깨닫고 친구에게 얘기해줄 때도
이 충고를 빠뜨리면 안 된다.
그녀가 당신의 옆자리에 앉아서 일할지라도,
당신에게는 아무것도 이야기하지 말고
게임을 하라고 조언해주라.

일하는 동안 휴식을 취하는 가장 건강한 방법은 압력을 낮추는 것이다. 당신이 정상적으로 600파운드의 압력을 견딜 수 있는 엔진이라고 생각해보라. 그렇다면 300파운드의 압력만으로 작동하도록 하라.

인간의 엔진은 필요한 것보다도 더 과도한 압박으로 작동한다. 극도로 지쳐있다면, 하는 일에 대한 압박감을 낮춰 일을 가볍게 만들어라. 그러면 불필요한 압박과 긴장을 던져버리고 편안하게 일해서 피로를 극복할 수 있다. 그뿐만 아니라, 일을 더 잘하게 된다.

일할 때 더 낮은 압력을 사용하는 법을 배우는 과정은 처음엔 조금 느리게 보일 수 있다. 하지만 학습 과정은 점차 빨라지고 우리는 능숙해진다. 그리고 시간이 흐름에 따라 우리 안에 더 나은 습관이 자리 잡는다.

한 가지 주목할 만한 점이 있다. 더 낮은 압박감으로 일을 더 효율적으로 하는 법을 배울 시간은 언제나 존재한다는 점이다. 압박감을 낮추고 자신의 힘을 증가시키지 못하는 때란 존재하지 않는다. 여기에 대해 한번 잘 생각해보라.

긴장을 덜 하는 것은 일에 대한 열정을 북돋운다. 일이 이전과 같이 그저 힘들고 단조롭게 보일지라도 말이다. 이와 같은 방법으로 일하는 동안 휴식을 취할 가능성을 발견하는 건 우리에게 새롭고 상쾌한 경험을 안겨준다. 이는 또한 우리가 쉴 때 어떻게 더 잘 쉬고, 더 온전히 쉴 수 있는지에 대해서도 잘 알려준다.

모든 종류의 휴식, 그리고 모든 종류의 일들이 우리에게 활력을 가져다준다. 단, 그러기 위해선 긴장감 없이 휴식하고, 일하는 법을 반드시 배워야만 한다.

13
옆자리에
있는 여자

● 옆자리에서 바느질하는 여자일 수도 있고, 같은 계산대 옆에 서 있는 여자일 수도 있으며, 옆자리에서 일하는 여자일 수도 있다. 그 여자가 누구이건, 일하는 많은 여성이 그녀로 인해 불쾌함을 느낀다. 이 절망적인 여성에게 옆자리에 있는 여자가 당신에게 문제가 될 필요가 전혀 없다는 얘기를 듣고 믿으라는 건 이상한 일일 것이다.

그녀는 무의식적으로 상대방의 가장 예민한 부분을 알아내 날카롭고 무례한 말로 상처를 비비는 말을 한다. 그녀는 의도적으로 자기의 일을 회피하며, 다른 사람들의 일을 정리하는 듯하다. 그다음엔 옆자리의 여자에게 일거리를 주고, 그 여자가 힘겹게 일하면 조소를 던지며 그녀가 한 실수에 대해 호통친다. 옆자리의 여자가 아침에 피곤하고 짜증 난 상태로 출근하면, 기분이 좋아질 때까지 불평불만과 나쁜 기분들을 토로하며 이 불쌍한 이웃이 완전히 피곤해져서 집에 돌아가게 한다.

옆자리에서 일하는 여자는 다른 사람들에게 사소하고 불쾌한 눈치를 주느라 애쓴다. 상사가 뭐라고 말했는지, 우리 사무실이 어떻게 보일지 등의 얘기로 눈치를 준다. 또 회사에서 잘리면 어디서 밥벌이를 하겠냐며 다른 사람을 겁먹게 해 사무실을 조용하게 만든다. 옆자리에서 일하는 여자가 하는 이 모든 일이 무섭고, 무례하며, 짜증 나기까지 한다. 고의로 그런 것이 아니라면 그냥 꼴사나운 여자일 수도 있다. 그러나 간단히 언급했던 이 모든 일과 더 심한 괴롭힘이 일어날 가능성에도 내가 마음만 먹으면 그 여자는 무력한 사람이 될 수 있다.

옆에서 일하는 여자가 얼마나 불쾌하게 굴어왔건, 매일 짜증 나고 맥 빠지며 머리가 지끈거리는 상태로 집에 돌아오는 유일한 원인은 그 여자가 아니라 바로 자신에게 있다. 이를 깨닫는다면, 매일 아침 잠에서 깨어 옆자리의 여자가 검은 유령처럼 나타날 때 이렇게 혼잣말을 해보자.

"나는 그 여자가 별로 신경 쓰이지 않아. 나는 매일 행복하고 평온하게 일할 수 있고, 밤이면 집에 들어가서 쉴 수 있어. 그 여자 옆에서 매일 고문당하면서 사는 것에 비하면 일에 집중하는 게 나에게 기쁨이라고 할 수 있지."

그녀가 나에게 문제가 되는 이유는, 내가 그녀에게 저항하고 있기 때문이다. 그녀가 내 감정을 상하게 하는 것도 같은 이유에서다. 나는 그녀에게 저항하고, 저항감은 나의 신경을 건드리며, 울고 싶게 한다. 따라서 그녀로부터 독립하는 길은 그녀에게 '저항하지 않는' 것이다. 그녀에게 저항하지 않는 법을 배우려면 매일, 매순간 그녀에 대한 저항감을 내려놓는 걸 연습하는 수밖에 없다.

이 배움에는 유익한 점이 있다. 우리가 이 작업을 시작하면 여기에 집중하는 게 매우 흥미로워서 그 자체로 삶에 새로운 활기를 불어넣어 준다.

정신의 저항감은 몸을 긴장시킨다. 마음에 들지 않는 무언가에 저항하는 자신을 발견할 때, 곧장 그 결과로 일어나는 몸의 긴장에 주의를 기울여라. 이 긴장을 풀어놓는 데 집중하면 즉각적인 결과를 얻을 수밖에 없다.

처음 시작할 땐 사소한 결과만 얻는다. 그러나 옆자리에서 일하는 여자로부터 자유로워진 자신을 발견할 때까지 이 연습을 지속하라. 그러면 얻는 건 더 많아질 것이다. 이 여자가 무례한 말을 할 때 우리는 정신과 몸을 긴장시킨다. 정신의 긴장을 내려놓고자 하는 바람으로 몸에서 긴장을 내려놓아라. 몸의 긴장은 정신에서의 압박에 대한 반응으로 생겨난다.

용기를 북돋우며 자신에게 또 이렇게 얘기할 수 있다.

"저 여자가 또 다른 불쾌한 얘기를 했으면 좋겠어. 한 번 더 실험을 해봐야 할까 봐."

그녀는 당신에게 여러 번의 기회를 제공할 것이다. 당신은 의식적 노력을 하지 않고도 이러한 실험을 해나가는 습관이 생길 때까지 계속해서 실험해나갈 뿐이다. 습관이 형성되면 당신은 옆자리에서 일하는 여자로부터 자유로워진다. 그녀가 어떻게 하건, 뭐라고 말하건, 무슨 행동을 하건 그녀는 당신을 짜증 나게 할 수 없다. 또 당신의 신경을 긁을 수도 없다.

그러나 긴장을 내려놓는 것에는 문제가 하나 있다. 우리는 걸핏하면 소위 말하는 '정당한 분노'를 내곤 한다. 저항감으로 만들어진 이 '정당한 분노'는 신체적인 긴장을 자아낸다. 이러한 분노가 떠올라 우리를 다시 굳어지게 하면 신체의 긴장을 내려놓는 건 별 쓸모없는 일일 뿐이다. 몸과 마음의 긴장을 내려놓는다면, 그 공간을 채울 어떤 좋은 게 있어야 한다. 그래야 자기 일에 온전히 몰입하고, 기회가 온다면 옆자리의 여자에게도 친절하게 대할 수 있지 않을까.

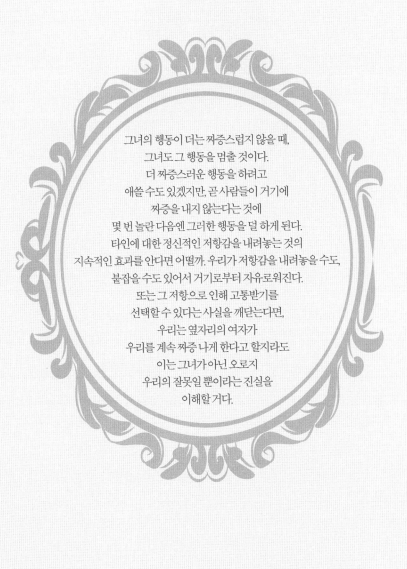

그녀의 행동이 더는 짜증스럽지 않을 때,
그녀도 그 행동을 멈출 것이다.
더 짜증스러운 행동을 하려고
애쓸 수도 있겠지만, 곧 사람들이 거기에
짜증을 내지 않는다는 것에
몇 번 놀란 다음엔 그러한 행동을 덜 하게 된다.
타인에 대한 정신적인 저항감을 내려놓는 것의
지속적인 효과를 안다면 어떨까. 우리가 저항감을 내려놓을 수도,
붙잡을 수도 있어서 거기로부터 자유로워진다.
또는 그 저항으로 인해 고통받기를
선택할 수 있다는 사실을 깨닫는다면,
우리는 옆자리의 여자가
우리를 계속 짜증 나게 한다고 할지라도
이는 그녀가 아닌 오로지
우리의 잘못일 뿐이라는 진실을
이해할 거다.

14
전화하기

● 대다수 사람은 전화로 얘기할 때 필요한 것보다 더 많은 신경 에너지를 사용한다. 그러나 자연의 법칙과 조화를 이룰수록 우리는 더 고요해질 수밖에 없다는 점에 주목하자. 긴장된 고음의 목소리를 낸다고 해서, 낮은음만큼 목소리가 잘 전달되는 것도 아니다.

전화를 하는 모든 여성이 이 사실을 기억한다면, 다음 세 가지 긍정적인 성취를 이룰 수 있다.

첫째, 자신의 신경 에너지를 절약할 수 있다.

둘째, 전화선 반대편의 여자 귀를 편안하게 한다.

셋째, 상대방이 자신에게 귀를 기울일 수 있도록 한다.

전화통화를 통해 인내와 온화함, 확고함 등 상대방에 대해 헤아릴 수 없이 많은 걸 알 수 있다. 조급함, 무례함, 우유부단함, 모호함은 직접 대면하고 말할 때보다, 전화로 얘기할 때 의사소통을 더 흐리게 한다.

전화 교환원에게 즉시 응답을 받지 못하면 막말을 하며 자신은 좋은 서비스를 요구하고 받을 권리가 있다고 느끼는 사람이 있다. 그래서 충동적으로 화를 내며 전화 교환원을 꾸짖는 것이다. 서비스가 신속하게 제공되면 나중엔 서비스가 전처럼 빠르지 않다고 다시 화를 낸다. 이러다가는 나중에 교환원에게 미안해진다. 화내며 꾸짖는다고 시간을 지키는 사람은 없다. 이는 상식에 반하는 일이다.

긴장되고 피로하고 까다로운 여성에게는 10초의 시간이 10분처럼 느껴진다. 이런 여자가 15분 동안 멈추지 않고 전화벨이 울리는 걸 들었다. 그리고 이 전화벨 소리 때문에 그녀는 더 긴장하고 분노가 치밀어올랐다. 마침내 전화가 연결되었다. 하지만 그녀의 높은 목소리에 담긴 긴장은 그녀의 말을 제대로 전달하지 못하게 했다.

그러자 그녀는 중앙에서 연결을 제대로 해주지 않는다며, 다시 화를 냈다. 이렇게 신경쇠약 상태로 전화 부스에서 나온 그녀는 이렇게 소리친다.

"전화 한 통 하려다가 정말 사람 잡겠네!"

그녀는 질병을 일으킬만한 전반적인 피로 상태가 전적으로 자신의 잘못이라고 한 번도 의심하지 않았을 거다.

이 이야기에서 최악의 진실은 뭘까? 어느 누군가 이 여자에게 피로한 상태가 불필요한 거라고 말하면, 그녀는 더 노발대발하면서 결국 병이 나고 말았을 거라는 점이다. 더 큰 자유와 상식으로 이어질 수 있는 제안을 받아들일 준비가 되기 전에, 우선 자신의 결함부터 찾기 시작해야 한다.

연신 화내면서 전화 고리를 아래위로 움직이는 사람을 보라. 전화 고리를 멈춤 없이 빠르게 움직이면 전화 교환원이 신호를 주기 전에 표시등이 켜질 시간을 주지 않게 된다. 그러므로 자신이 전화를 쥐고 기다린다는 사실을 전달할 수 없다. 반면, 각 움직임 사이에 조용히 멈추며 수화기를 들면, 빛을 보고 '상대편이 전화를 받는' 속도를 더 빠르게 할 수 있다.

한 남자가 즉각적인 답변을 얻지 못해 참을성이 없어졌다. 그래서 거의 부서질 정도로 수화기를 빠르고 격렬히 위아래로 흔드는 모습을 본 적이 있다. 웃긴 일이다. 이 사람은 전화를 받는 사람에게 급히 얘기해야 해서 무척 서두른다.

그러나 수화기를 마구 흔들면 전화 교환원이 자신이 원하는 걸 알지 못한다. 게다가 성질을 부리며 수화기를 마구 흔들면, 전화기가 빨리 부서져 전화기를 아예 쓸 수 없게 될지도 모른다. 너무 과도하게 원하면 오히려 그게 필요한 걸 얻는 길을 방해하는 셈이다.

　근래 들어 전화상의 예의가 잘 갖춰진 건지는 모르겠다. 하지만 습관에 의해 잘 성장하지 못한 사람들이 전화를 하려면, 전화번호부 첫 번째 페이지에 이와 같은 법칙을 설명해놓는 게 유용할 거다. 다른 사람에 대한 배려의 부족은 전화상의 소통에서 너무나도 극명히 드러나기 때문이다.

요약해 보자.

전화는 다른 사람들에 대한 배려를 증가시키는 수단이자,
우리가 좋은 서비스를 받는 방법이다.
전화를 쓸 때 인내심을 발휘하고 낮은목소리를 사용하면,
신경의 긴장으로부터 해방될 수 있다.
신경은 언제나 낮은 목소리로 긴장을 풀기 때문이다.

반면, 전화가 우리를 더 이기적이고 자기중심적이며,
우유부단하고 불분명하며, 더 조급하고 긴장되게 하는 수단일 수 있다.

사실 전화기는 우리를 더 건강하게 할 수도, 병들게 할 수도 있다.
전화기가 우리를 천국 또는 지옥으로 인도한다고 말할 수도 있겠다.
전화기를 사용하는 방식에 따라 어디로 갈 것인지
선택할 수 있으니까 말이다.

전화기는 축복이라고 할 만큼 삶에 편의를 더한다.
반면, 이러한 편의가 저주로 판명될 수도 있다.
이때 우리는 자신의 삶에 저주를 가져오는 셈이다.

문제를 만드는 것은 신경의 긴장과 분노다.
요즘엔 전화를 더 잘 사용하기 위한 학교가 있을지도 모르겠다.
그러나 지성적인 사람들이 상식을 거스르지 않고,
상식적으로 행동하도록 스스로 안내할 수 있다면
굳이 그러한 학교를 설립할 필요는 없을 것이다.

15
얘기하지
마라

● 불필요한 말을 하는 것만큼 신경 에너지를 낭비하고, 신경의 긴장을 가중하며, 신체적인 해를 입히는 것이 없다. 사람들은 그것을 알고 있을까? 나는 어떤 말을 하느냐에 따른 해로움에 관해 이야기하는 게 아니다.

물론 우리는 경솔하고 악의적으로 혀를 놀려 생기는 재앙을 안다. 그러나 이건 다른 주제로 다루어야겠다. 나는 단지 불필요한 말, 10단어면 할 수 있는 말을 100단어, 1,000단어로 말해서 신체적인 에너지가 소모되고 낭비되는 점에 관해 이야기하려고 한다.

나는 한 친구가 몇 시간을 끝도 없이 떠드는 것을 들은 적이 있었다. 문득 그녀에게 제안해보고 싶은 아이디어가 떠올랐다. 나는 이걸 예전에 목소리가 더 쉽게 나오는 방법을 실험하며 배웠다. 그런데 그녀에게 말을 건넬 기회가 생겼다. 숨을 길게 들이마시고 호흡을 내뱉는 듯이 말할 수 있겠느냐고 물었다.

제안을 자주 번복해야 하긴 했지만, 결과는 성공적이었다. 그녀는 긴 호흡을 들이마시고는 멈췄다. 30초간의 침묵이 흘렀다. 이후 그녀가 한 얘기는 꽤 놀라웠다.

"나, 내가 뭘 말해야 할지 모르겠어."

나는 "한 번 더 해봐"라고 말했다. 그녀는 길게 숨을 들이쉬고는 다시 포기해버렸다. 무슨 말을 해야 할지 아무것도 생각나지 않았기 때문이다. 그녀는 이 게임을 좋아하지 않았다. 그녀는 노력해볼 생각을 하지 않았고, 3분 내로 다시 수다를 떨기 시작했다.

그녀의 말하기는 초조해하는 습관 외에 다른 게 아니었다. 그녀의 생각과 말은 서로 연결되어 있지 않았다. 생각하지 않았기에, 그녀는 자신이 생각하는 걸 제대로 말하지 못했다. 또 귀 기울여 듣지 않았기에, 누군가 그녀에게 던진 질문에 제대로 답하지 못했다. 초조하게 말하는 사람은 절대로 듣지 못한다. 이것이 초조하게 말하는 사람에게서 가장 눈에 띄는 특징이다.

'수다'라는 가짜 방어막을 내던져 버려라

● 나는 저녁 식사에 초대받은 유명한 남자 두 명을 알았다. 이야기꾼으로 소문난 사람이었다. 호스트는 두 남자가 서로 굉장한 이야기를 해왔다고 소개했다. 그리고 두 사람이 얘기도 잘하기에, 서로의 생각을 주고받을 자리를 마련한다면 굉장히 즐거운 일이 될 거라고 기대했다. 며칠 후, 그는 거리에서 그날 초대했던 손님 중 한 명을 만났다. 그 손님은 그에게 당시 소개받았던 친구에 대해 어떻게 생각하냐고 물었다.

그는 짤막하게 이리 답했다.

"아주 좋았어요. 하지만 그는 너무 말이 많아요."

오래지 않아, 거리에서 우연히 만난 또 다른 손님은 호스트에게 다음과 같이 말했다.

"제발, 그 스미스 씨랑 함께하는 저녁 식사라면 다시는 초대하지 말아 주세요! 그 사람의 말에 끼어들기도 힘들더군요!"

이제 이 남자는 자신의 말을 멈추고 상대의 말에 귀 기울이는 것이 상대가 자신의 말에 귀 기울이게 하는 좋은 방법이라는 것을 깨달을지 모른다. 그러나 자만한 사람, 자기중심적인 인간 또는 말이 많은 사람은 거의 또는 아예 남의 얘기를 듣지 않는다.

그렇다면 초조하게 이야기하는 여자에게서 우리는 무엇을 예상할 수 있을까? 그녀는 말할수록 더 피곤해지고, 더 병든다. 초조하게 말하는 습관이 점점 자라나 그녀의 정신을 약하게 한다. 진실로, 초조하게 말하는 건 인간을 계속 약하게 만든다.

몇몇 여성들은 잊기 위해 얘기한다. 이것이 점진적인 정신적 자살 과정이라는 것을 안다면 어떨까. 그들은 '수다'라는 가짜 방어막을 내던져 버릴 거다. 잊어버리고자 하는 게 있다면, 해결될 때까지 앞에 놓인 문제를 직면해야 한다. 그리고 최선의 지혜를 따라 작업해야 한다. 그래야 잊힌다. 다른 무언가에 관해 계속 이야기해서는 정신에서 어떤 무언가를 덮어버릴 수는 없다. 그건 불가능한 일이다.

많은 여성이 얘기를 통해 자신의 관점으로 당신을 설득할 수 있을 거라고 기대한다. 생각으로 가득 찬 여성이 당신에게 다가와 이야기를 한다. 하지만 당신이 그녀의 말에 동의하지 않는다는 사실을 알아차린다. 그녀는 아마 당신이 눈이 멀고, 몸이 아프며, 차라리 듣지도 못했으면 좋겠다고 바랄지도 모른다. 그때까지 그녀는 자신이 옳고, 당신이 그르다는 걸 증명하기 위해 계속 떠들어댄다.

그녀는 당신이 옳은지, 그른지 신경 쓰지 않을 때까지 계속 떠들 것이다. 그러면 당신은 침묵이라는 해방감에만 신경 쓸 뿐이다. 그녀가 당신과의 대화를 마쳤을 때, 그녀는 자신의 관점을 손상하기 위해 할 수 있는 일이라곤 다했을 거다. 먼지 풀풀 날리는 대화에 좋은 걸 다 묻어버린 셈이다. 대화를 나눈 뒤, 그 여자가 이런 얘기를 하는 건 얼마나 웃긴 일인가.

"어쨌든 나는 그에게 좋은 얘기를 해줬어요. 돌아가서 그에 대해서 뭔가 생각해보지 않을까 싶네요."

"아주머니, 생각해본다고요? 그 남자는 잡다한 수다와 밀어붙이는 당신의 두려운 표정에 대한 기억만 가지고 집으로 되돌아간단 말입니다. 그에게 당신의 목소리는 앞으로 다시 듣기 무서운 게 되어 있겠죠!"

여자들이 함께 일을 하려고 앉았다. 한 여자는 다른 동료들이 자신의 계속되는 수다로 지쳐서 나가떨어져 제대로 일하기 어려운 지경이 될 때까지 계속 말하고 또 말한다. 그러나 초조하게 떠든다고 압박감이 해소되지 않는다. 이는 매일 자기 자신을 지치게 한다. 정신을 폐허로 만든다. 또 자신의 신경뿐 아니라, 계속되는 얘기로부터 자신을 보호하는 법을 알지 못하는 주변의 사람들 신경까지 다치게 한다.

초조하게 말하기는 일종의 질병이다. 이제 우리가 물어야 하는 건, 그걸 어떻게 치유하느냐다. 그러나 그걸 치유하기 전에 필요한 건, 자기 자신이 질병이 있다는 사실을 아는 것이다. 다른 질병과는 달리, 이 질병의 치유는 전문의를 필요로 하지 않는다. 그녀는 자기 자신의 환자이자, 의사가 되어야만 한다.

첫째로, 자신이 질병이 있다는 걸 알아야 한다. 초조하게 말하는 많은 사람이 이 글을 읽을 것이다. 하지만 그 누구도 이 글이 자신의 이야기라는 걸 인식하지 못한다. 유일한 치료제는 자신이 초조하게 말하는 사람이라 가정하고, 더는 초조하게 말하지 않을 때까지 한 달, 또는 그 이상 자신을 관찰하는 거다.

자신이 초조하게 얘기하는 사람이라는 걸 알고서, 놀라고 화가 난다면 어떻게 해야 할까? 치유법은 뭘까? 첫 번째로 해야 할 일은 얼버무리지 말고, 진실을 받아들이는 거다. 변명이나 자기합리화를 하지 말고, 단순히 사실을 시인하라.

치유제는 계속 이완된 고요함을 유지하는 거다.

꼭 필요한 말이 아니면 말을 하지 않겠노라고,
스스로 약속하고 매일 훈련을 해나가라.

그렇다고 튀어나오려는 말을 억누르지는 마라.

그러나 말을 하기 위해 숨을 들이쉴 때 곧장 말이 튀어나오게 하는 대신,
가능한 이완된 상태로 편안하고, 고요하고 긴 호흡을 유지해야 한다.
다음에 말하고 싶을 때는 말을
하던 중간에 하려던 말을 잊어버렸을 때라도,
당황하지 말고, 멈추고 이완하며 숨을 깊이 들이마셔라.

초조하게 말하는 습관을 고치려면 정신의 집중력이 필요하다.
그것은 초조한 말하기 습관으로 흩어져버린 정신을 하나로 통합하여
정신의 생명력과 힘을 보존할 수 있게 해준다.
그리고 이 습관이 고쳐진 다음엔, 고요하게 생각하는 습관이 생겨난다.

그다음에 당신에게서 나오는 말은
진실로 가치 있는 말일 것이다.

16
내가 먹는 것에 당신이 호들갑 떠는 이유는?

● 딸기가 자신에게 맞지 않기에 딸기를 먹는 게 불가능하다고 주장하는 어떤 여자가 있다. 친구는 그건 단지 마음의 습관 때문이라고 얘기했다. 위가 피로하거나, 몸 상태가 좋지 않았던 날에는 딸기가 잘 맞지 않을 수도 있다. 그러나 그녀는 이걸 그냥 자신이 딸기를 먹을 수 없다고 해석해버렸다. 딸기가 자신에게 맞지 않는다는 믿음은 단지 자기 생각일 뿐이다. 그리고 그게 사실과는 거리가 멀다는 친구의 얘기에 설득되었을 때, 그녀는 용감히도 딸기를 한 접시나 먹었다. 그날 밤, 그녀는 소화불량으로 잠에서 깨어났다. 그리고는 다음 날 아침, 이렇게 말했다.

"봤어? 딸기가 나한테 안 맞는다니깐!"

친구는 다음처럼 답했다.

"물론 곧장 딸기가 너에게 잘 맞을 거라고 기대하는 건 무리일지도 모르지. 오늘도 딸기를 한 번 먹어봐."

이 여성은 딸기가 자신에게 맞기를 바랐다. 또 딸기에 적응하기 위해 준비가 되었다. 그래서 다음 날에도 딸기를 먹었고, 먹다 보니 적응이 되었다. 결국, 그녀는 딸기 철이면 딸기를 매일 먹을 수 있었다.

이 이야기가 전하는 진실을 이해해보자. 어떤 음식이 우리에게 맞지 않는다는 인상을 받을 때, 우리는 그 음식을 생각할 때마다 긴장한다. 특히 위장이 수축한다. 우리에게 맞지 않는다고 믿는 음식을 생각할 때마다 위장이 긴장한다면, 그걸 실제로 먹을 땐 얼마나 더 긴장하겠는가. 우리와 잘 맞지 않는 것처럼 보이는 음식에 관한 생각으로 긴장하면 위장의 활동이 저하된다.

예를 들어, 선천적으로 어떤 음식에 대해 특정한 성향을 타고난 사람들의 예를 살펴보자.

우유나 크림, 버터와 같은 유제품이 들어간 음식을 아예 먹지 못하는 여자가 있다. 그녀는 우유와 크림에 대한 자신의 반감을 자랑스러워하는 것처럼 보인다. 실례가 되지 않는 경우라면 기회가 올 때마다 공공연하게 떠들고 다녔다. 난 그녀가 이것을 극복하려고 노력하는 것을 한 번도 보지 못했다. 오랜 시간과 지속적인 노력이 필요하지만, 이런 각인된 기억을 완벽히 극복할 수 있다.

이 여성은 매일 우유와 크림에 대한 자신의 긴장을 과장했다. 같은 힘을 우유와 크림에 대한 긴장을 내려놓는 데 사용했다면 어땠을까. 정상적으로 음식을 먹을 수 있었을 뿐 아니라, 건강상 여러 측면에서도 도움이 되었을 것이다.

한 가지 대상에 대한 긴장은 이의 영향을 받는 다른 대상에 대한 긴장으로 이어진다. 그러나 어떤 하나에 대한 긴장을 내려놓는 데 주의를 기울이는 건, 다른 것에 대한 긴장을 내려놓는 것으로 확장된다.

사람들이 자신에게 전달된 음식을 거부할 때를 잘 보라. 그들이 음식을 거부하면서 동시에 긴장을 만들어내는지, 또는 긴장하지 않으며 음식을 거부하는지 관찰해보라. '잘 맞지 않는' 음식이 전달될 때, 그들의 얼굴에선 으레 약간의 혐오감마저 드러난다. 그들은 이러한 표현이 무심코 자신의 감정을 노출한다는 것을 잘 모른다.

사실, 한 종류의 음식에 대한 위장의 긴장은 다른 종류 음식을 잘 소화하는 것도 방해한다. 콜리플라워가 나올 때 긴장한다면 다음번에 우리가 좋아하는 채소가 나왔을 때 위장이 이런 긴장으로부터 회복되는 것이 가능할까. 아마도 위장은 이렇게 말할 수 있을 것이다.

"우리는 좋아하는 채소를 향해서는 확장되지만, 우리가 좋아하지 않는 채소가 나오면 수축하고 긴장한다고!"

콜리플라워에 긴장하는 습관은 우리가 의식적으로 이러한 습관을 내려놓기 전까지 뇌에 자리 잡아, 위장에 계속해서 영향을 미칠 것이다.

식욕은 섬세한 선물과 같다

● 에드윈은 소화불량으로 심하게 고생하곤 했다. 어느 날, 그는 친한 친구들과 함께 저녁 식사를 하러 나섰다. 저녁 식사를 시작하기 전에 친구는 웃으며 이렇게 말했다.

"에드윈, 저녁을 준비할 때 네가 소화하지 못하는 것이 없도록 신경을 썼어."

그녀는 진심으로 이렇게 말했다.

"그래, 모든 음식이 소화가 잘될 거야."

이 말을 들은 에드윈은 매우 행복해졌다. 이 말엔 친구에 대한 친절과 염려가 섞인 친밀함이 담겨 있었다. 그들은 에드윈에게 음식이 잘 맞을 거라는 강한 암시를 주었다. 식사하는 내내 행복하고 흥미로운 대화가 오갔다. 에드윈은 그렇게 사랑이 담긴 저녁 식사를 마쳤고, 소화불량은 전혀 일어나지 않았다.

항상 건강한 음식을 먹는 것을 목표로 해야 한다. 하지만 음식 그 자체보다도 우리가 음식을 대하는 태도와 그걸 먹는 방식이 더 문제를 일으키는 요인임을 알아야 한다. 음식에 대한 호들갑으로 긴장이 일어나면 이는 혈액순환을 방해한다. 혈액순환 장애는 감기에 걸리기 쉽게 만든다. 여성이 걸리는 절반 이상의 감기 증상은 그릇된 방식의 식사에서 비롯된 것이다. 여성들이 식사에 대해 호들갑 떨며 견디지 못하는 건, 마치 할머니가 머리 위로 걸쳐진 안경을 찾으며 짜증을 내는 것과 비슷한 점이 있다.

음식을 충분히 씹은 상태로 위장으로 넘겨야 한다는 점에는 의심의 여지가 없다. 소화의 첫 번째 과정이 입에서 시작되어야 한다는 얘기다. 음식을 씹으면서 느끼는 즐거움은 매우 크다. 그건 정말 소화에 도움이 된다. 진짜 그렇다. 그러나 지금까지 생각조차 못 했던 반대편의 극단도 있다. 내가 증명하고 싶은 걸 설명할 모범 사례다.

나는 건강이라는 주제에 푹 빠진 한 여자를 알고 있다. 그녀는 건강 염려증에라도 걸린 듯, 온갖 건강 세미나에 참석하곤 했다. 건강을 챙기는 방법 중 아주 신중하게 음식을 씹는 게 있다. 그녀는 씹고 또 씹었다. 계속 씹었다. 이렇게 소화를 잘되게 하려고 과도하게 노력한 결과, 위장을 긴장시켜 심한 소화불량이 생겼다.

"무엇을 먹어야 하는가? 어떻게 먹어야 하는가? 얼마나 자주 먹어야 하는가? 언제 먹어야 하는가?"라는 질문에 과도한 주의를 기울이는 건 어떤 의미일까. 먹는 것에 아무런 주의를 기울이지 않아 위장을 계속 불편하게 만드는 것처럼, 이것 역시 만성적인 소화 장애를 유발하기 쉽다. 과도하게 음식을 씹어대던 여자는 건강하지 않은 음식에 대해 계속 얘기하고 야단을 떨어 소화불량으로 고생했다. 그녀가 홀로 먹는 아침 식사는 지금껏 내가 본 것 중 가장 맛없어 보이는 음식이었다. 그걸 보는 것만으로도 식욕이 싹 달아나기에 충분했다.

식욕은 섬세한 선물과 같다. 음식을 음미해야 그걸 온전히 소화할 수 있다. 소화액이 충분히 분비되지 않으면 소화하기 힘들다. 음식에 대해 계속 야단법석을 떠는 것과 게걸스럽게 음식을 먹는 건 식사에서 얻는 즐거움을 앗아간다. 음식의 풍미를 즐길 수 있는 능력이 섬세한 선물이라는 사실을 기억하자. 미각을 타락시키거나 까다로운 태도로 식욕을 죽이지 않고 음식을 음미할 수 있는 능력이 생긴다. 예리하고 더 깊은 인식이 정신 건강에 유용하듯, 음식을 음미할 수 있는 능력은 몸의 건강에 유용하다.

위장이 알아서 자기의 일을 하도록 놓아두기

● 그다음엔 식사하기 전에 위장을 충분히 쉬게 해주느냐는 질문이 남는다. 우리가 위장에 충분한 휴식을 제공해서 다시 일을 시작할 기회를 주고 있는가?

나는 건강에 대한 고정관념이 있는 여자를 알고 있었다. 그녀는 저녁 식사를 마친 후 항상 그랬다. 등받이가 높은 의자에 꼿꼿이 앉아 '소화가 잘되도록' 얘기를 하는 것도, 듣는 것도 거부하곤 가만히 있곤 했다. 내가 그녀의 위장이라면 이렇게 얘기했을 것이다.

"아주머니, 일하라고 저에게 그렇게 특별히 주의를 기울이시지만, 이건 당신의 일이 아니라 나의 일이라고요!"

그리고 사실상 이건 그녀의 위장이 그녀에게 하는 얘기이기도 했다. 꼿꼿이 앉아 음식이 소화되기를 의식적으로 기다리는 건, 당신이 할 일이 아닌 일에 과도하게 주의를 기울이는 것이다. 그건 뇌와 위장을 긴장시켜 그 기능을 멈추게 한다.

우리의 일은 단지 필요조건을 갖추는 것에 불과하다. 프랑스 노동자들은 식사가 끝난 후, 차분히 앉아 그들의 다양한 관심사에 관해 이야기하며 이 원리를 실천한다.

30분간 고요함을 유지하거나, 즐거운 대화를 나눈다. 혹은 재미있는 이야기를 읽거나, 평온한 방식으로 삶에 관해 얘기한다. 그들은 누구나 이런 걸 즐기기 마련이다.

식사 후 바로 일을 해야 한다면 일을 평온하게 시작하라. 위장의 기능이 우리가 관여해야 할 일이라고 느끼는 것은 참견이며, 해로운 것일 뿐이다. 기능 이상으로 위장을 생각해야 한다면, 원인을 찾아 치유해야 할 거다. 하지만 그 원인이 반드시 우리가 먹는 음식에 있다고 생각해서는 안 된다.

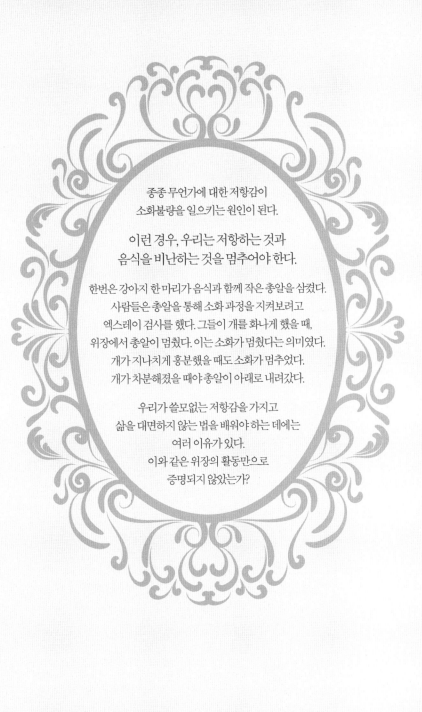

종종 무언가에 대한 저항감이
소화불량을 일으키는 원인이 된다.

이런 경우, 우리는 저항하는 것과
음식을 비난하는 것을 멈추어야 한다.

한번은 강아지 한 마리가 음식과 함께 작은 총알을 삼켰다.
사람들은 총알을 통해 소화 과정을 지켜보려고
엑스레이 검사를 했다. 그들이 개를 화나게 했을 때,
위장에서 총알이 멈췄다. 이는 소화가 멈췄다는 의미였다.
개가 지나치게 흥분했을 때도 소화가 멈추었다.
개가 차분해졌을 때야 총알이 아래로 내려갔다.

우리가 쓸모없는 저항감을 가지고
삶을 대면하지 않는 법을 배워야 하는 데에는
여러 이유가 있다.
이와 같은 위장의 활동만으로
증명되지 않았는가?

음식을 과도하게 먹는 게 위장에 얼마나 불필요한 긴장을 더 쌓이게 하는지 살펴보는 건 아마 많은 사람에게 충격이 될 거다. 신경이상 환자들은 식탐이 많다. 저녁 식사에서 보통 사람들의 2배, 때론 3배 이상의 양을 먹었다. 그녀는 자신의 건강한 식욕이 축복과도 같다고 생각했다. 그녀는 영양가 많고, 좋은 음식을 많이 먹는 게 건강을 회복하는 데 도움이 되리라 확신했다.

그러나 그녀의 건강은 빠르게 회복되지 않았다. 다들 그 이유를 궁금해했다. 문제의 원인은 이 환자가 신경증적인 식욕이 있었기 때문이다. 그녀에게 필요한 음식의 양이 3분의 1이라면, 여분으로 섭취한 3분의 2는 그녀에게 해를 미치는 것으로 작용한다. 과도하게 섭취한 음식을 소화하느라 위장은 많은 부담을 안았다. 그래서 매일 그녀의 신경 에너지를 소모했다. 또 뇌의 에너지까지 빼앗아 갔다. 이로 인한 신경성 우울증 때문에 그녀는 울면서 음식을 먹고, 또 먹었다.

신경이상증세를 이해하는 친구가 "얼마나 많이 음식을 먹고 싶건, 그보다 더 적게 먹도록 해라"고 제안하는 걸 받아들인다면 훨씬 더 빨리 건강을 회복할 수 있다. 그러면 과식으로 계속 스스로 병들게 해왔다는 사실을 충분히 이해할 거다. 자기 스스로 건강하다고 여기는 여성들에게도 신경성 식탐은 아주 흔한 일이다. 이 나라에서 100명 중 95명은 도리어 덜 먹을 때 더 건강해질 거다.

누구든 약간의 지성적인 주의만 기울이면, 이완할 수 있는 음식에 대한 개념이 생긴다.

"난 달걀이 싫어, 정말 싫어!"

"아이스크림을 너무 많이 먹었던 적이 있어. 아이스크림은 나를 계속 아프게 만들어. 지금은 아이스크림에 대해 생각하는 것만으로도 아픈 기분이 들어."

이완하고, 긴장을 내려놓아라. 마치 살면서 아이스크림을 한 번도 먹어보지 않은 척하며, 조금 먹어보라. 이는 아이스크림을 먹기 위해서가 아니다. 아이스크림으로 위에 생긴 긴장을 풀어버리기 위해서다.

당신은 이렇게 말할지도 모른다.

"하지만 모든 사람이 모든 걸 먹을 순 없는 거잖아요?"

여기에 대한 답은 다음과 같다.

"예, 맞아요. 누구에게나 건강하고 유익한 음식은 좋은 것이지요."

그러나 당신은 이렇게 말한다.

"당신은 취향을 무시하는 건 아닌가요?"

그럼 다시 다음처럼 답한다.

"물론 우리가 어떤 음식을 다른 것보다 더 좋아할 수 있어요. 하지만 편견 없이 음식을 선호하는 것과 선입견으로 무언가를 싫어하는 것 사이에는 근본적인 차이가 있지요."

위장이 잘 기능하기 위한 기본적인 조건들을 충족한다면 어떨까. 또 위장이 알아서 자기의 일을 하도록 내버려 둔다면 어떨까. 그렇다면 위장은 별 탈 없이 건강할 것이다. 우리가 위장을 바르게 대한다면 그들은 자신에게 무엇이 좋은지, 무엇이 좋지 않은지 우리에게 얘기할 것이다. 그 이야기에 귀 기울이고 그 목소리를 따른다면 음식에 대해 더는 호들갑 떨 필요도, 신경질적인 짜증에 시달릴 필요도 없다.

17
위장에
대하여

● 다들 할 일이 많다. 몇몇 이들은 밥벌이를
위해 종일 일해야 한다. 누군가는 계산대 뒤에 종일 서 있어야 한다.
또 누군가는 하루 내내 앉아서 다른 사람들의 옷을 만들고, 밤에는
아이들의 옷을 떠야 한다. 우리 대부분은 필요하거나 자발적으로 일
을 한다. 그런데 때로는 많은 사람이 실제로는 전혀 바쁘지 않으면서
도 바쁘다고 느낀다. 얼마나 많은 이들이 우리가 밖에서 일하는 동안
몸 안에서도 계속해서 해야 할 일이 있다는 걸 이해할까.

폐는 공기를 들이마셔서 산소를 피로 전달한다. 피는 심장 펌프
질의 도움으로 온몸을 돌며 산소를 전달하고, 노폐물을 제거한다. 위

장은 자신에게 전달받은 음식을 소화하며, 혈액에 영양분을 전달한다. 이 모든 기능은 계속 이루어진다. 그리하여 우리에게 건강과 지구력, 활력을 준다.

그러나 우리가 몸을 잘못 관리하면 심장이나 폐, 위장이 원래 해야만 하는 일보다 더 힘들게 일해야 한다. 그러면 장기들은 우리가 주는 일을 해내기 위해 우리 힘을 빼앗아 갈 기다. 우리는 그 일을 힘들게 만드는 자신을 비난하지 않고, 심장이나 폐, 위장을 오히려 힐난할 것이다. 위장의 긴장은 과도하게 먹은 음식이나, 잘못된 종류의 음식을 소화할 때 필요하다. 그건 인체 전반의 긴장을 만들어낸다.

양심이 자신을 무척이나 괴롭히던 한 여성을 알고 있다. 그녀는 변명의 여지가 없는 수많은 이기적인 일을 했다. 그리고 항상 다른 사람의 문제에 대해 자신을 비난하곤 했다. 이와 같은 양심의 공격은 심한 복통을 수반했다. 그럴 때마다 그녀는 의사에게 전화했고, 의사는 구토 유발제를 주었다. 그녀는 위장에서 소화되지 않은 많은 음식을 토해냈다. 또 그 구토를 통해 양심의 무게를 덜어냈다. 그러자 평범하고 건강한 여성이 자신의 일상을 돌봐야 하는 것 외에는 자신을 더 비난할 거리가 없어졌다.

이건 실화이며 독자에게 실질적인 도움을 주는 이야기다. 이 여자의 위장에는 너무도 많은 작업이 내려졌다. 위장은 열심히 일하느라 뇌와 신경계에서 에너지를 빼앗아올 수밖에 없었다. 이런 탓으로 뇌 전체에 긴장이 생겨 양심의 영역이 특히 두드러졌던 셈이다. 이 긴장은 과민함, 추한 모습 등 다른 형태로 나타났을 수도 있다. 과장된 양심, 불안 또는 초조함 등 그 영향이 무엇이건, 이와 같은 사례의 원인은 '위장에 할 일을 너무 과다하게 주었다'는 데 있다.

위장이 피로할 때 음식을 과도하게 먹는 것, 상한 음식을 먹어서 위장이 할 일이 너무 많아지게 하는 것, 따뜻한 음식을 먹더라도 신체적인 일이건 정신적인 일이건 곧장 과도한 일을 해서 위장에 너무 많은 부담을 주는 것, 우리가 얼마나 바쁘건 문제를 일으키는 이러한 세 가지 요인을 피한다면 위장을 보호할 수 있다.

우리가 굉장히 피곤할 때는 필연적으로 위장도 매우 피로한 상태다. 이럴 땐 배가 고프더라도 딱딱한 음식을 먹기 전에 따뜻한 우유 한 잔을 천천히 마시며, 차분히 기다리는 게 낫다. 그러면 이후에 영양가 있는 식사를 즐길 수 있다. 이는 긴장 또는 심각한 질병으로부터 우리를 구해준다.

또 식사 전후 30분 동안 아무것도 하지 않고 휴식할 수 있다면, 그건 소화를 위한 최고의 투자다. 30분의 여유시간을 가질 수 없다면, 10분에서 15분의 여유시간으로도 충분하다. 그것만으로도 꽤 많은 피로가 가실 수 있다.

식사시간까지 계속 일을 해야 한다면, 식사하기 전까지 속도를 늦추도록 하자. 그렇다고 일을 망쳐버리진 않을 것이다. 그러니 저녁 식사시간이 다가오면 일의 속도를 조금 늦춰라. 그리고 일을 다시 시작할 때는 가볍게 시작해서, 점차 일의 강도를 높여가라. 위장에 도움이 될 것이다.

아주 바쁜 하루를 보낸 이후에는 어떻게 하면 좋을까. 저녁 식사 이전에 충분한 휴식을 취할 수 있다면, 풍성한 저녁 식사가 될 것이다. 그리고 맑은 공기에서 산책하며 휴식을 취하는 것도 좋겠다. 얼마나 긴 시간 동안 산책을 할지는 아마 당신이 어떤 일을 해야 하는지, 또는 얼마나 피곤한지에 따라 달린 일이겠지만.

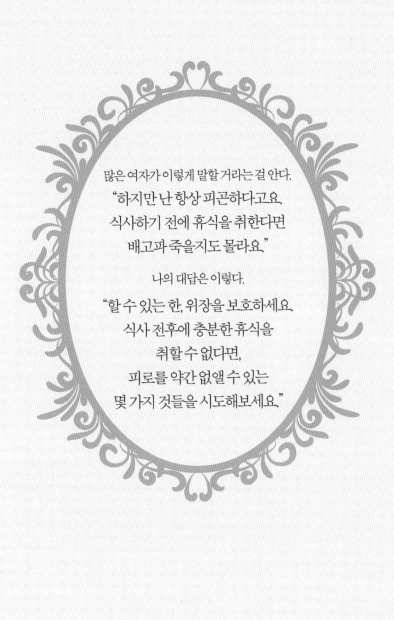

많은 여자가 이렇게 말할 거라는 걸 안다.
"하지만 난 항상 피곤하다고요.
식사하기 전에 휴식을 취한다면
배고파 죽을지도 몰라요."

나의 대답은 이렇다.
"할 수 있는 한, 위장을 보호하세요.
식사 전후에 충분한 휴식을
취할 수 없다면,
피로를 약간 없앨 수 있는
몇 가지 것들을 시도해보세요."

주의력과 흥미를 담아 이 실험을 해본다면 점차 덜 피곤해질 것이다. 또 이 방법을 꾸준히 고수해나간다면 전보다 훨씬 덜 피로해진다. 심지어 피곤한 느낌이 아주 드물게 찾아올 거다.

그간 잘못 사용해온 위장을 온전한 방식으로 만드는 데는 오랜 시간이 걸린다. 하지만 우리는 천천히 지성적으로 위를 돌볼 수 있다. 이렇게 과도하게 긴장된 위장이 이완되면, 온몸도 따라서 이완된다.

하지만 영양가 없는 음식을 먹으면 식사 전후로 휴식을 취해봐야 별 소용이 없다. 몇몇 사람들은 건강한 음식에 대한 감각을 완전히 잃어버리고는 정상에서 너무나 벗어난 식사를 한다. 이로 인해 만성적인 위장의 장애를 안고 살아간다. 이건 곧 만성적인 신경 장애와 성격 장애 상태로 살아간다는 걸 의미한다.

이런 사람이 단 1분이라도 진실로, 완전히 영양을 섭취하는 자유를 온전히 경험할 수 있다면 어떻게 될까. 비정상적인 상태와 정상적 상태의 대조에 현기증을 느낄 것이다. 이런 현기증을 극복하기 위해 정상적인 상태를 오래 유지한다면 건강이 주는 자유로움에서 환희를 맛볼 수 있다. 영양가 없는 음식은 메스껍게 느껴질 거다.

우리 대부분은 경험과 자연적인 본능을 통해 어떤 음식이 좋은지 이미 잘 알고 있다. 이 글을 읽는 모든 여성이 몇 주간 계속 위장을 돌보고, 위장 기능을 방해하지 않는 법을 배운다면 어떻게 될까. 단지 전보다 더 일을 잘하게 되는 것으로 끝나는 것이 아니라, 휴식을 취하는 데에도 큰 도움이 될 것이다.

18
얼굴에
대하여

● 거리를 걸으며 사람들의 얼굴을 한번 보라. 거리에서 고요한 얼굴을 찾는 것이 얼마나 힘든 일인지 놀라울 지경이다. 얼굴에 주름이 없어야 한다는 얘기를 하는 게 아니다. 우리는 이 세상이라는 학교에서 살아간다. 경험 없이 진정한 배움을 얻지 못한다. 고통 없이 진정한 경험을 할 수는 없고, 삶의 고통과 훈련들은 얼굴에 주름을 남긴다. 그러나 내가 이야기하는 주름은 불필요한 긴장으로 생기는 주름에 대해서다.

이상한 말이지만, 고요하지 않은 얼굴은 대부분 얄팍한 감정으로부터 생겨난다. 보통 깊은 감정은 얼굴에 긴장을 주지 않는다. 얄팍한 걱정과 흥분으로부터 생겨나는 긴장을 해결하지 못한 얼굴은 문제가 있어 보이기도 한다. 또 고통스럽게 느껴진다.

고통이나 괴로움으로 그 표정이 얼굴로 전달되는 건 진실한 아름다움과 힘을 더한다. 그러나 긴장된 표정은 얼굴에서 성격을 없애고 약화한다. 또 그곳에 존재하던 자연스러운 아름다움을 앗아가 버린다.

긴장된 표정을 제거하려면 어떻게 해야 할까. 우리는 그 뒤의 압박을 제거해야 한다. 가장 어려운 작업은 표면이 아닌, 그 이면에 있다. 표면의 작업은 상대적으로 쉽다.

얼굴이 고요하고 잔잔한 한 여성을 알고 있다. 그녀의 얼굴은 아름다웠지만, 표정이 늘 같았다. 이 여성은 얼굴이 고요해지고 자유로워질 때까지, 거울에 비친 자신의 모습을 빤히 쳐다보곤 했다. 입꼬리가 제대로 처지도록 손가락으로 입을 정돈하기도 했다.

그녀는 자신이 평온한 표정일 때 얼굴이 어떤 느낌인지 유심히 관찰하여 어떻게 하면 그 표정을 항상 유지할 수 있을지 연구했다. 그녀는 이러한 표정을 벗어나지 않도록 정신에 자동적인 반응을 설정해놓았다. 그 결과, 그녀의 표정은 언제나 그렇게 잔잔한 모습으로 고정되었다.

내게 그녀는 호기심의 대상이지만, 또한 가장 두드러지는 위선자이기도 하다. 그녀가 만들어온 가면 뒤의 긴장은 상당했다.

나는 그녀가 거의 많은 시간을 아팠을 것이라 믿는다. 잔잔한 외모를 유지하기 위해 내면에서 긴장감을 붙잡고 있는 것만큼 신경계를 병들게 하는 것이 또 뭐가 있겠는가.

이와는 정반대로 보일지 모르지만, 결국 비슷한 계통의 문제였던 아주 재미있는 일화가 떠오른다. 한 여성은 늘 정신이 물질보다 더 중요하다는 이야기를 하곤 했다. 그녀는 다른 믿음을 가진 사람들의 얘기에 절대로 공감하지 못했다. 그래서 때로는 몹시 화가 난 것처럼 보이기도 했다.

"중요한 건 내면의 평화야!"

● 그녀는 수많은 주름을 만들어내며 얼굴을 찌푸렸고, 분노로 삐딱한 자세를 취했다. 그녀는 몇 분간 소위 '정당한 분노'를 쏟아내고는, 잠깐 멈추어 얼굴에 분노가 남은 상태로 이렇게 말했다.

"신경 쓰지 않아. 중요한 건 내면의 평화야!"

나는 가면을 쓴 여성이 자신 또는 다른 이들에게 "중요한 건 내면의 평화야"라고 얘기한 적이 있을지 의문이다. 의심의 여지 없이 화를 내던 여성이 더 깊은 위선자이겠지만, 가면을 쓰는 여성 또한 위선으로 굳어버렸다. 난 둘 중 어느 편이 더 깨지기 쉬운 위선인지 잘 모르겠다. 아마도, 스스로 속이는 여성의 경우가 아닐까.

주변 사람들에게서 볼 수 있는 긴장된 주름의 주제로 돌아가자. 그 주름들은 열심히 일하거나, 심사숙고해서 생긴 게 아니다. 그것은 일에 대한 불필요한 긴장에서 생겨난 거다. 우리가 이러한 긴장들을 꾸준히, 그리고 확고히 내려놓는 데 의지를 발휘한다면 어떻게 될까. 삶을 더 고요하고 평온하게 살 수 있다. 그리고 얼굴도 더 잔잔하고 매력적으로 변할 것이다.

불안함은 특히 눈에서 잘 드러난다. 진정으로 고요한 눈을 보는 것은 참으로 드문 일이다. 고요한 눈을 보면 매우 기쁘고 아름답다. 불안한 눈과 얼굴을 보게 될수록 자신의 눈과 얼굴을 더 고요하게 만드는 작업을 하는 게 좋을 것이다.

그러나 가면을 쓰거나, 위선적으로 살아가지는 마라.

이전에 소개했던 연습들이
고요한 얼굴을 만드는 데 도움이 될 거다.

얼굴에서 불필요한 모든 긴장을 내보낸다는 느낌으로
머리를 떨구자.

머리가 몸을 이끌고,
가능한 한 아래로 내려가도록 하며 긴장을 내려놓자.

머리를 천천히 들어 올리는 동안에도
모든 긴장을 내려놓기 위해 계속 주의를 기울여야 한다.

길게 호흡하며 애쓰지 않은 채 들숨을 들이쉬고,
마치 아이들이 불어놓은 풍선에서 바람이 빠질 때 공기가 빠지듯
쉽게 날숨을 내쉬라.

하루 5분은 고요한 얼굴을 얻기에 매우 부족한 시간일지 모른다.
그러나 5분만이라도 꾸준히 연습하면 어떨까.
점점 더 불안에 민감해져서 자연적인 본능으로
그 불안을 내쫓아버리게 된다.

19
목소리에 대하여

발성법을 가르치는 멋진 독일인 교사를 알고 있었다. 그는 "선조들은 인간의 영혼이 여기에 있다고 믿었어"라고 말하며 횡격막 부분을 가리켰다. 그리고는 어깨를 으쓱하며 "글쎄 잘 모르겠어. 그럴 수도, 아닐 수도 있지. 하지만 미국인들은 목소리와 말을 목에서 쥐어짜서 목소리의 영혼과 말의 생명력을 죽여버려."

● 이 사람은 진실을 말했다. 대부분의 미국인은 말의 생명을 쥐어짜 버려 말이 나오기도 전에 죽어버린다. 우리는 긴장으로 삶을 쥐어짜는데, 이는 특히 목소리에서 잘 드러난다. 우

리의 목구멍은 긴장되고 닫혀 있다. 위장도 긴장되고 압박받는다. 그래서 우리의 말은 나오기도 전에 생명력을 잃는다.

시끄러운 공간에서 사람들이 말하는 것들을 보라. 소음을 극복하려 어깨 위로 소리치는 것을 들어보라. 자신의 얘기를 전달하기 위해 그들이 사용하는 노력과 신경 에너지를 생각해보라. 소음의 한복판 속에서 다른 사람에게 말하려 할 땐 주변의 소음과는 다른 톤으로 목소리를 내야 한다. 목소리를 높게 낼 때보다 낮게 낼 때, 말이 더 잘 들리고 잘 전달된다. 게다가 목소리를 낮게 내는 것은 높게 내는 것보다 훨씬 적은 노력과 긴장이 든다.

나는 시끄러운 공장에서 30분간 얘기하며, 30분 이후에는 대화를 시작하기 전보다 더 편안해진 모습을 상상할 수 있다. 목소리를 낮게 내려면 불필요한 긴장들을 내려놓아야 한다. 그리고 불필요한 긴장을 내려놓는 것은 늘 편안한 일이기 때문이다. 이 글을 읽는 독자들이 언젠가 시끄러운 거리에서 친구와 대화를 할 때 이 실험을 해보라고 간절히 권하고 싶다.

우리에겐 소음의 '위'로 소리치려는 강한 습관이 있다. 소음의 '아래'로 말했을 때 우리가 하는 이야기가 들린다는 것은 거의 불가능해 보인다. 목소리를 낮게 던지고, 그 목소리 톤을 유지하는 것은 어렵다. 그러나 새로운 습관을 형성할 때까지 이 실험을 지속한다면, 매우 기쁜 변화를 경험하게 된다.

여기엔 또 다른 어려움이 있다. 우리에게 귀를 기울이는 사람이 긴장된 높은 목소리를 듣는 습관이 있어서, 계속 낮은 목소리에 귀 기울이는 것이 처음엔 어려운 일일 수 있다. 낮은 톤의 목소리를 들으려 정신을 다시 조율하는 노력 없이, 그저 소리 지르듯 높은 목소리를 기대하는 것은 참 희한한 일처럼 보인다.

그러니 우리는 지성적으로 소음의 아래로 얘기해야 한다는 사실을 기억해야 한다. 또 우리가 목소리를 던지는 습관을 바꾸듯, 듣는 이에게 그들이 듣는 습관을 바꿔 달라고 부탁해야 한다. 그러면 말하는 사람과 듣는 사람이 노력하는 것의 10배에 달하는 가치를 얻을 수 있다. 습관적으로 목소리를 낮게 던짐으로써 우리는 '사산'된 목소리를 내는 걸 점차 멈춘다. 저음의 목소리는 더 개방적이고 유연하다. 또 표현하고자 하는 어떤 생각이 떠오르건, 더 즉각적으로 반응하게 한다. 게다가 이 저음의 목소리는 우리의 기질도 바꿔놓는다.

'고양이 싸움'

● 한 여성이 논쟁 중에 점차 흥분하고 있다고 치자. 특히 화라도 난다면 그녀의 목소리는 거의 비명에 가까워질 때까지 점차 높아진다. 종종 두 여자가 논쟁하는 것을 가만히 들어보라. 고양이 싸움을 듣는 것과 비슷하다. '고양이 싸움'이 아마 그 소리를 묘사할만한 유일한 단어일 것이다. 그러나 만약 이 여성 중 한 명

이 논쟁 중에 긴장이 시작된다는 걸 알 정도로 충분히 민감하다면 어떨까. 자신의 목소리를 낮추고 낮은 톤의 목소리를 유지한다면, 이는 자기 자신뿐만 아니라 상대의 고양이 소리 또한 잠재운다.

'고양이 싸움'은 추한 말이다. 이건 아주 혐오스러운 소리를 묘사하는 말이다. 과거에 당신이 누군가와의 논쟁 중에 혐오스러운 소리를 낸 적이 있다면, 자기 자신에게 이렇게 말하라.

"이건 고양이 싸움이야."

또는 다음과 같이 말하라.

"나는 제인과 마리아, 그리고 다른 사람들과 고양이 싸움을 해왔어."

당신은 추한 말과 소리를 걷어내고, 진심으로 더 고요한 말하기 방식이 생길 것이다.

다음번에 논쟁이 시작되어 당신의 목소리가 점차 위로 올라가기 시작하면, 어떤 무언가가 귀에 대고 '고양이 싸움'이라고 속삭인다고 생각해보라. 스스로 보호하는 차원에서 단박에 목소리를 낮추거나 말을 멈출 것이다.

추한 것은 추한 이름으로 부르는 게 좋다. 이는 우리가 대상을 있는 그대로 볼 수 있게 해준다. 또 우리가 더 진심으로 이로부터 빠져나오기 위한 노력을 하도록 한다.

언젠가 손님으로 큰 모임에 들렀다. 대화로 인한 소음 때문에 마치 사람들이 으르렁거리는 것처럼 들렸다. 그러던 와중에 어떤 나이

지긋한 남자가 의자 위로 올라서서 "조용히!"라고 얘기했다. 주변이 고요해지자, 그는 이렇게 제안했다.

"자, 이제 모두 서로에게 낮은 톤으로 이야기하는 것이 어떻겠소."

사람들은 즉각적으로 반응했다. 많은 사람이 목소리를 낮추는 것에 대해 흥미 있게 이야기했고, 기쁘고 편안한 분위기가 되었다. 그자리에 있던 6명 정도의 사람들이 "아주 뻔뻔스럽군"이라고 말하며 불쾌감을 드러냈지만, 대다수 사람은 이 제안을 호의적으로 받아들였다. 그러자 분위기는 더 조용해졌고, 다들 목소리도 더 편안하게 바뀌었다.

프랑스의 시인 고티에는 인간의 표현적인 부분 중 목소리가 영혼에 가장 가까운 곳에 근접해있다고 말했다. 그렇다. 목소리는 영혼의 상태를 매우 노골적으로 드러내 준다. 목소리의 다양한 질을 명료히 식별할 수 있고, 목소리의 긴장에 더 민감해져 자신의 목소리에서 긴장을 인지하자마자 단박에 내려놓을 수 있다면, 그만큼 편안해진다.

사람의 목소리를 듣고는 습관적으로 그들의 성격에 관해 이야기하는 한 맹인 의사가 있었다. 사람들은 마치 손금쟁이나 사주쟁이를 찾아가듯 그 의사를 찾아가곤 했다. 한 여성이 이러한 목적으로 의사에게 진지하게 얘기했다. 그 의사가 답하기를 "아주머니의 목소리는 너무나 인위적으로 개발되어 그 안에는 아주머니가 존재하지 않네요. 그래서 저는 아주머니의 성격에 대해 말씀드릴 수가 없습니다."

어떤 아름다운 목소리를 가질 때까지
특정한 목소리를 흉내 내라고 가르치는 것은 어리석은 일이다.
이러한 목소리는 인위적이며 예민한 귀를 가진 사람들이
그걸 쉽게 감지해낼 수 있기 때문이다.
대부분의 유명한 가수는 위선자들이다.
그들의 목소리에는 자기 자신이 존재하지 않는다.

진정으로 아름다운 목소리를 가지려면
그 뒤에 진정으로 아름다운 영혼을 가져야 한다.

논쟁 중에 상대방을 저항 없이 만나고, 자신의 정신을 명료히 하기 위해
목소리의 긴장을 내려놓는다면 목소리는 정신을,
정신은 목소리를 아름답게 할 것이다.
목소리와 정신은 상호이득을 위해 함께 행동하고, 반응한다.

더 고요하게 존재하기 위해 목소리를 전반적으로 낮춰라.
그것은 당신의 기분을 더 좋게 만든다.
이렇게 정신의 노력과 신체적인 노력은 함께 가야 한다.

낮고 고요하게 목소리를 내는 건 여성에게 매력을 선사한다.
매일 완전한 고요함 속에서
5분이라도 고요하고 편안한 목소리 톤으로
이야기하는 연습을 해보라.

그러면 자신의 불안한 목소리를 더 잘 알아차려서
목소리와 마음을 더 편안하게 할 수 있다.

● 완전히 대조되는 두 이야기가 있다. 신경과 전문의가 2년간 신경쇠약을 앓아온 어린 소녀를 만나러 집에 들렀다. 방에 빈집털이범이 침입했던 무서운 일을 겪은 뒤로 소녀의 병이 시작되었다고 한다. 의사가 환자의 방에 들어가자마자 소녀가 달려들며 "의사 선생님, 무엇이 저를 아프게 하는지 아세요? 그건 정말 무서웠어요!"라고 말하며 과거에 불현듯 옷장에서 도둑을 발견했을 때의 이야기를 꺼냈다.

소녀는 2년 내내 자신과 친구들에게 이 얘기를 반복해서 이야기했다. 두려웠던 기억을 반복적으로 이야기해서 그 기억을 증폭시켰다. 그리고 이로 인해 뇌에 새겨진 긴장감은 너무나도 강해서 어떤 기술이나 재간으로도 없앨 수 없는 것처럼 보였다. 그녀는 이 이야기를 내려놓지 않았고, 그래서 건강을 회복할 수 없었다.

자, 이제 반대의 이야기를 살펴보자. 다른 젊은 여자도 이와 비슷한 빈집털이범 사건을 겪었다. 며칠 밤, 잠을 이루지 못했다. 처음 2, 3일 밤 동안은 몸을 떨면서도 잠에 빠져 들 때까지 가만히 누워있었다. 잠에서 깼을 때 그녀는 자신이 온몸의 근육들을 엄청나게 긴장시키고 있다는 걸 알았다.

근육을 이완하며 신경의 긴장을 내려놓아야겠다고 생각했다. 그녀는 꾸준히 이 연습을 했다. 빈집털이범에 대한 두려움으로 깨어날 때마다 스며드는 두려움을 그녀는 근육을 이완하라는 신호로 여겼다.

그녀는 종종 이완하기 위해 잠에서 깼다. 성공하는 데 그리 오랜 시간이 걸리지 않았다. 얼마 후 그녀는 아침에 일어날 시간이 될 때까지 잠에서 깨지 않게 되었다. 도둑이 들었던 기억이 완전히 떠나갔을 뿐만 아니라, 잠자리에 들기 전에 모든 긴장을 내려놓는 습관이 들었다.

그래서 그녀의 신경은 더 건강해지고 정상이 되었다. 두 소녀 모두 민감하고 신경적 기질이 있었지만, 그들이 보인 행동의 대비는 단지 지성의 문제라고밖에 할 수 없었다.

이 신경과 의사가 다른 환자를 받았다. 정신적 충격에 대한 불평을 늘어놓는 환자였다.

"의사 선생님, 저는 아주 끔찍한 정신적 충격을 받았어요! 그건 정말 끔찍한 일이었어요. 이걸 어떻게 극복해야 할지 잘 모르겠어요."

그녀는 공포를 과장해서 이야기했다. 물론 그것은 끔찍한 기억이다. 그러나 그녀는 기억을 곱씹으며 공포를 더 키우기만 했다. 그녀가 잠시 말을 멈추어 의사가 말할 기회가 돌아왔을 때, 의사는 아주 조용히 이렇게 말했다.

"아주머니, 아주머니가 할 수 있는 한 가장 부드럽게 이렇게 말해 보시겠어요? '나는 극심한 정신적 충격을 받았어요'라고요."

그녀는 이해했다는 낌새 없이 그 말을 조용히 따라 했다.

"나는 극심한 정신적 충격을 받았어요."

그녀는 자신의 말과 뇌의 인상과의 대조를 느꼈다. 어느 정도는 스스로 습관적인 떠들썩함을 인지했다. 의사는 그녀가 계속해서 말하고 생각하는 방식 때문에 충격의 긴장감을 증폭하며, 이 때문에 스스로 계속 아프게 한다는 사실을 주지시켰다.

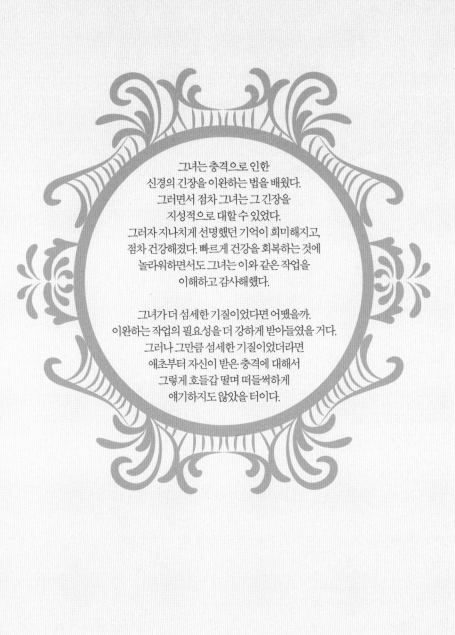

그녀는 충격으로 인한
신경의 긴장을 이완하는 법을 배웠다.
그러면서 점차 그녀는 그 긴장을
지성적으로 대할 수 있었다.
그러자 지나치게 선명했던 기억이 희미해지고,
점차 건강해졌다. 빠르게 건강을 회복하는 것에
놀라워하면서도 그녀는 이와 같은 작업을
이해하고 감사해했다.

그녀가 더 섬세한 기질이었다면 어땠을까.
이완하는 작업의 필요성을 더 강하게 받아들였을 거다.
그러나 그만큼 섬세한 기질이었더라면
애초부터 자신이 받은 충격에 대해서
그렇게 호들갑 떨며 떠들썩하게
얘기하지도 않았을 터이다.

일상에서의
소소한 자유를 향한
여정

21
반대의 법칙

● 아버지의 승낙을 얻으려면 아버지의 허락에 신경 쓰지 않는 것처럼 보여야 할 뿐 아니라, 자신이 원하는 것의 완전히 정반대를 원하는 척해야 한다고 말하는 여성이 있다. 그녀는 이 전략이 절대로 실패하지 않는다고 말한다. 아버지의 결정은 늘 그녀가 표현하는 열망과는 반대의 것으로, 즉 그녀의 진실한 소망에 따라 내려졌다. 즉 그녀는 어떻게 아버지를 조종해야 하는지 배웠던 거다.

이런 일이 특별한 건 아니다. 사람들이 이와 같은 방식으로 자신의 친구들을 조종하는 것을 쉽게 볼 수 있다. 이런 기민한 관리방식을 방해할 수 있는 것은 바라는 바를 이루기 위한 자신의 의도를 비밀로 하는 게 어렵다는 데 있을 것이다.

그러니 '반대 방법'으로 완벽히 성공하려면 결과와 그 이후에 대한 사려 깊은 제어가 필요하다. 전략이 발각되지 않게 하려면 자신의 행동을 일상적인 평범한 위선으로 훈련해나가야 한다. 이 과정은 위선을 넘어 부패과정으로 변할 필요가 있다. 이렇게 열심히 위선자가 되더라도 특정한 한도까지만 다른 사람들을 속일 수 있다. 이런 고집에는 초조함과 급박감이 있어서 우리가 원하는 대로 되지 않을 것 같다고 느낄 때 모든 것을 망쳐버리는 충동이 내재돼 있기 때문이다.

그러나 이 '반대 방법'으로만 친구에게 영향을 미칠 수 있을 때 우리는 어떻게 해야 하는가. 예를 들어, 친구가 책을 읽기를 바랄 때 당신의 바람을 말하는 것은 그가 책을 읽는 것을 방해한다. 친구가 노는 것을 보고 싶고, 노는 것이 그에게도 기쁜 것일 거라 확신한다. 그러나 그 말이 입에서 튀어나오자마자 그가 노는 것을 보는 것은 완전히 불가능한 일이 된다.

집을 고쳐야 할 필요가 있지만, 집주인에게 그 필요를 얘기하는 것이 수리를 더 지체시킨다는 것을 알 때 우리는 무엇을 해야 할까. 협력과 승낙을 얻기 위해 우리가 원하는 것을 원치 않는 것처럼 가장할 수 없다면 반대 전략을 쓰는 친구들을 어떻게 만나야 할까.

진정으로 위선자가 무엇인지 이해하는 사람은 의도적으로 위선자가 되려고 계획할 수 없다. 위선자는 견고한 기초가 없는 거짓일 뿐이다. 그 누구도 사기꾼을 존경하지 않으며, 역사상 가장 지성적이고 요령 좋은 위선자들도 그저 사기꾼 외에 다른 것이 아니었다. 게다가 그 누구도 거짓과 위선을 통해서는 다른 사람들을 다룰 수 없다. 거짓이 발견되면, 그의 모든 힘은 사라져버리니까.

반대-성격의 문제는 그 안에 저항하는 습관이 형성되어 있다는 것이다. 때로 이 습관은 완전히 선천적인 거라 한 번도 그걸 이해하거나 시인해본 적이 없다. 또 때로는 선천적인 기초 위에 후천적인 상부구조가 더해지기도 한다. 이를 이해하기 전까지는 문제를 다루기가 쉽지 않다.

'반대 방법'은 문제를 해결하지 못한다. 단지 임시변통일 뿐이다. 그것은 어떤 진정한 작업을 하거나, 직접적으로 목표를 성취하지도 않는다. 그건 지성이라고 부를 수도 없다.

이 사람들을 제대로 다루는 데 필요한 것은 그들의 저항을 두려워하지 않는 것이다. 둘째로 필요한 것은, 첫 번째와 매우 밀접한 관계가 있는데, 그들의 저항감을 자신의 저항감으로 마주하지 않는 것이다. 우리가 다른 사람의 저항감과 싸운다면, 이건 단지 그의 긴장만을 증가시킨다. 그가 얼마나 잘못되었건, 그리고 우리가 얼마나 옳건, 저항감으로 저항감을 대하는 것은 단지 문제만 일으킬 뿐이다.

이렇게 되면 친구여야 하고, 친구일 수 있었던 두 사람이 영원히

원수가 된다. 이 싸움은 서로에게 지워지지 않을 긴장을 만들어내며 인간관계에 대해 다시 생각하게 한다.

책을 읽거나 여행을 떠나는 등 친구가 좋은 일을 하기를 바란다. 하지만 이와 같은 우리의 바람을 제안하는 것은 그의 저항감만을 불러일으킬 뿐임을 안다. 이럴 땐 어떻게 해야 할까. 유일한 방법은 그가 기분이 좋을 때를 알아내서 하고 싶은 말을 하고, 나누고 싶은 제안을 전하며, 동시에 그 제안을 거부해도 좋다는 흔쾌함을 표현하는 것이다.

자유가 곧 인류애다

● 모든 인간은 자유로운 존재다. 다른 사람이 자신의 자유를 어떻게 사용하건, 우리에겐 타인의 자유를 존중하지 않을 권리가 없다. 그가 자기 입장에 서서 움직이기를 거부한다면 우리는 제안하거나 조언할 수 있다. 그러나 그가 여전히 주장을 고수한다면 그것은 그의 일이지, 우리의 일이 아니다.

저항할 친구에게 요청하고, 그 저항에 항복하여 우리 내면의 적개심과 부딪히지 않도록 하려면 강한 의지를 계발할 필요가 있다. 이 일을 철저하고 일관되고 지능적으로 행했을 때 다른 사람의 저항심은 자신에게 돌아올 뿐이다. 그러면 상대방은 자발적으로 저항의 습관을 거부하기 시작할 것이다. 반대 마음을 지닌 사람을 조종할 때 '반대의 법칙'은 발각되지 않는 한 먹혀들지만, 발각될 위험이 늘 있다. 차라리 직설적인 방식으로 대화를 나누는 게 좋으며, 얼마간 실패가 있더라도 결국은 늘 더 나은 결과를 얻는다.

동료를 조종하는 것은 인간에 대한 모욕이다. 자유는 사랑의 기초다. 자유가 곧 인류애다. 사람이 다른 사람을 조종하려고 할 때, 그는 다른 사람을 짐승으로 취급하는 것이다. 또 자신을 조종받는 대상으로 허용하는 인간은 자신을 짐승으로 분류하는 것이다. 열린 뇌와 자유롭게 작동하는 신경계를 가지고 싶다면 우리는 자신의 자유와 타인의 자유를 존중해야 한다. 개인이 스스로 서 있을 때만이 진정 서로에게 좋은 목적을 위해 영향을 미칠 수 있기 때문이다.

이는 너무도 분명한 사실이라서, 설명이나 해설도 필요하지 않다. 어떤 사람이 "당신은 나를 그런 식으로 조종할 수 없어"라고 말하는 경우는 거의 없다. 이 말에 대한 답은 "왜 어떤 식으로든 조종받기를 원해야 하는 거지? 그리고 내가 왜 당신을 조종하려고 애를 씀으로서 당신을 모욕하길 바라야 하지?"라고 해야 할 것이다.

습관적으로 저항하는 인간은
자신이 누구에게도 속박되어 있지 않다고 자부한다.
그는 속박에 대한 두려움으로
자신이 다른 인간에게 저항하고 있다는 것을 모른다.
이 사람들은 다른 사람에게 영향을 받는 것에 대한 두려움이
인간이 가질 수 있는 가장 고통스러운 속박이라는 것을
알 수 있을까.

이와 같은 두려움의 노예가 된 사람은 멈춰서
이 질문을 고려해보지 않는다.
그들은 저항하며 요청을 단박에 거부한다.
다른 사람의 제안을 고려하려고 잠시 멈추는 것이
다른 사람의 의지에 굴복하는 것처럼 보일까 봐 두렵기 때문이다.

우리가 다른 사람을 거절하는 만큼
기꺼이 양보할 때 우리는 자유롭다.
이때 우리는 앞에 놓인 어떤 질문과 제안이건 지성적으로
고려할 수 있고 최선의 판단에 따라 결정할 수 있다.
누군가 아무리 강요하더라도 최고의 선택이라고 여겨서
흔쾌히 압박에 항복한다면,
그에게 어떤 행동이나 마음가짐을 강요할 수 없는 법이다.

● '머리가 좋아야 손발이 고생하지 않는다' 라는 속담이 있다. 이 말의 깊이, 또는 이 말에 복종함으로써 오는 자유와 건강을 이해하는 사람은 얼마 되지 않는다.

우선 한 가지 이유는 우리가 틀에 박히기 때문이다. 한 여성이 바느질하면서 피곤함을 느낀다. 그러면 그녀는 바느질할 때 피로해야 한다는 것을 당연하게 여길 것이다. 종종 초조해하고 불평하는데, 이는 피로감을 더하기만 한다. 때로 그녀는 과도하게 피로한 상태에서 '마지막 한 땀'을 마칠 때까지 일을 지속한다. 그런데 이건 병을 유발한다. '한 땀만 더' 하다가 바느질이 사람 잡을지도 모른다.

사람들은 좋은 머리가 단지 손발뿐 아니라 심장과 폐, 척추와 뇌, 전체 신경계를 고생시키지 않는 것을 이해하지 못하는 것 같다. 때로 사람들은 문제를 충분히 숙고해서 편안하게 일하는 습관을 들이는 것보다, 만성적으로 피로한 상태에서 아무런 즐거움도 얻지 못한 채 계속 일하는 걸 선호하기도 한다.

너무나 피곤해서 피로를 없애는 법을 배우는 데 약간의 노력을 기울이는 게 과한 것처럼 보이기도 하다. 하지만 노력함으로써 훨씬 더 편안해진다. 이뿐만 아니라, 일도 더 잘할 수 있다는 걸 알게 된다. 그런데도 차라리 긴장과 불편한 습관대로 일하는 게 이와 같은 악습관을 벗어나려 노력하는 거보다 더 쉬워 보이기도 한다.

편안하게 일하는 데 도움이 되는 뇌의 활동은 일하는 활동과는 상당히 다르다. 새로운 방향으로 쏟는 약간의 정신적 노력은 고되게 일하는 뇌 일부분을 쉬게 하고, 상쾌하게 만든다. 또 더 쉽게 일하는 습관을 얻었을 때 삶은 더 행복해지고 살만한 가치가 생긴다. 일단 우리가 이 사실을 받아들인다면 머리가 손발뿐 아니라, 몸 전체를 더욱 생기 있게 한다는 사실을 간단히 배우게 될 것이다.

예를 들어, 바느질을 생각해보자. 한 여성이 멈추지 않고 종일 바느질을 해야 할 때 피로를 덜고자 한다. 그래서 아침에 한 번, 오후에

한 번, 10에서 15분씩 시간을 빼서 휴식을 음미할 수 있다면 피로를 덜고, 바느질을 더 잘할 것이다. 기꺼이 30분간의 휴식시간을 취하고, 이 시간을 좋은 목적으로 사용하지 않는 건 단지 상식의 부족처럼 보이지 않는가. 직원들이 일을 더 잘할 수 있고, 일하면서도 더 건강할 수 있도록 하루에 두 번, 15분씩 쉬는 시간을 허용하지 않는 것은 잔인하고 상식이 모자란 일이 아닐까.

우리가 실수를 바로잡는 방법

● 우리는 이러한 사례에서 몇 가지 사실에 주의를 기울일 필요가 있다. 그러면 우리는 기꺼이 실수를 바로잡을 수 있다. 첫 번째 문제는 우리가 알지 못한다는 것이고, 두 번째 문제는 우리가 지성적으로 생각하지 않는다는 점이다. 이 두 가지 문제는 우리가 해결할 수 있는 범위에 있다.

건강한 바느질에 대한 사실을 순서대로 나열해보자.

첫째, 탁한 공기에서 바느질해서는 안 된다. 바느질하며 가슴이 좁아진 자세로는 폐에 좋은 산소를 공급하기 어렵다. 좋은 산소가 공급되지 않으면 혈액순환이 잘되지 않고, 식욕이 저하된다. 그리고 신경이 압박을 받아 맑은 공기와 음식에서 적절한 영양분을 받았더라면 아주 쉽게 작동할 수 있던 근육이 긴장되어 움직일 것이다.

둘째, 우리가 일할 때 근육을 한 방향으로 쓰는 경향을 보인다면, 반대 방향으로 당기려는 운동을 통해 이런 경향에 대응해야 한다.

계속 글을 쓰는 사람이라면 종종 쓰기를 멈추고 손가락을 넓게 벌려 스트레칭 한 뒤, 천천히 긴장을 풀면 작가들이 겪는 마비 증상을 두려워할 필요가 없어진다.

바느질하는 여자의 경우, 그들의 습관은 가슴을 죄고 복부를 아래로 짓누르며 머리를 앞으로 숙이는 것이다. 적어도 하루에 두 번은 바느질을 멈추도록 하자. 가슴을 복부로부터 멀어지는 방향으로 들어 올리자. 가슴을 들어 올리면 어깨가 뒤로 젖혀지고, 앞으로 굽어지던 머리가 뒤로 향한다. 이 자세에서 길고 고요히 숨을 쉬자. 그다음, 천천히 머리를 들어 올리자. 부드럽게 한숨을 쉬듯, 길고 고요히 숨 쉬며, 폐가 습관적인 호흡 상태로 돌아가게 놔두고 다시 운동을 해보라.

주의를 기울이며 이 연습을 세 번 정도 반복하면, 다시 바느질을 시작할 때 분명히 회복된 느낌이 들 것이다. 이 연습 전체를 준비하고 실행하는 데 기껏해야 2분밖에 걸리지 않는다. 세 번 반복한다고 해도 6분밖에 되지 않는다.

6분이면 긴 호흡과 자세의 변화로 새로운 활력을 얻을 수 있다. 하루에 세 번 운동을 위해 멈춘다면 18분, 길어봐야 20분 정도밖에 걸리지 않는다. 그리고 이러한 연습은 새로운 힘을 발휘해 더 생동감 있게 일할 수 있도록 한다.

셋째, 심하게 구부정한 자세로 바느질할 필요가 없다는 것을 기억해야 한다. 물론 운동은 습관적으로 구부정한 자세에서 벗어나는 데 도움이 된다. 그러나 바느질하는 동안 구부정하지 않으려는 노력을 기울이지 않으면 운동도 별 소용이 없다.

운동은 우리에게 꼿꼿함의 새로운 기준을 알려준다. 이 새로운 기준은 잘못된 자세에 민감하게 만든다. 가슴이 구부정해져 배를 짓누를 때 계속해서 주의를 기울이게 될 것이다. 또 가슴이 배를 짓누르더라도 다시 가슴을 들어 올리고, 펴는 건강한 자세를 취하는 것은 제2의 천성이 된다.

넷째, 우리는 등뼈, 목덜미 또는 다리가 아니라 손과 팔로 바느질해야 한다. 바느질에 들어가는 불필요한 긴장은 다른 그 무엇보다 여성을 피곤하게 만든다. 이를 피하려면 긴장에 민감해야 하고, 불필요한 긴장을 인식할 때마다 내려놓아야 한다. 긴장 없이 일하는 습관이 생길 때까지 의식적으로 이걸 연습해야 한다.

호흡운동 이후, 머리를 바로 세운 자세로 부드럽게 올리면 많은 긴장이 해소된다. 그리고 우리가 바느질하기 시작할 때 긴장이 되돌아오는 데 더 민감하게 만든다. 긴장에 더 민감해지면 긴장을 내려놓을 수 있다.

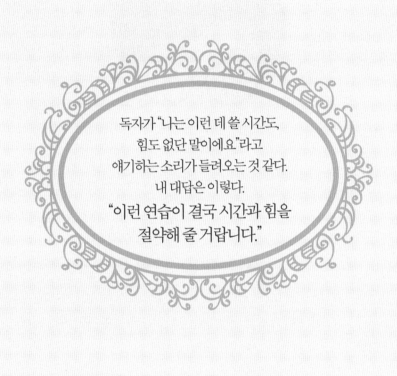

독자가 "나는 이런 데 쓸 시간도,
힘도 없단 말이에요"라고
얘기하는 소리가 들려오는 것 같다.
내 대답은 이렇다.
"이런 연습이 결국 시간과 힘을
절약해 줄 거랍니다."

23
서두르지
마라

● 계속 서두르는 상태로 일을 잘할 수 있는 사람이 있을까? 계속 재촉하는 상태에서 일을 명료하게 이해할 수 있을까? 계속 조급하게 살아가는 사람이 건강과 힘을 유지할 거라 기대할 수 있을까? 대부분의 독자는 말할 것이다.

"나는 늘 조급한 상태로 살아가지 않아요. 나는 꼭 필요할 때만 서두른다고요."

그러면 나는 이렇게 대답할 것이다.

"증명해 보시오!"

자신이 만성적으로 조급한 상태에 있지는 않은지, 탐구하며 살펴보라.

조급해하는 습관을 없애고 싶다는 마음으로 면밀히 스스로 관찰하며 서두름을 꿰뚫어 보라. 자신에게 얼마나 서두르는 습관이 있는지 놀랄 것이다. 문제는 우리의 기준이 너무 낮다는 것. 기준을 높이려면 건강한 삶을 방해하는 것들을 내려놓아야만 한다.

거친 형태의 조급함을 제거해가면서 우리는 그보다 더 미묘한 서두르는 습관들을 알게 된다. 고요함의 기준이 점차 높아짐에 따라 우리는 서두르는 것과 만사를 조급하게 처리하려는 방식에 더 민감해진다. 그리고 이는 점점 불쾌함으로 느껴진다.

6시에 공장에서 퇴근하는 여성들을 보라. 재킷을 입고 모자를 쓴 다음, 마치 저녁 테이블이 도망이라도 가는 양, 공장에서 한시라도 빨리 빠져나가려 거의 굴러 나오다시피 서둘러 뛰어나온다. 상점에서 점원들이 퇴근할 때, 회사원들의 점심 식사시간에, 또는 하루의 일과가 끝났을 때를 보라. 이와 비슷한 서두르는 태도를 쉽게 관찰할 수 있다.

서둘러 퇴근했을 때 아낄 수 있는 시간이 3분이라고 계산해보자. 아무리 계산을 해도 최대 3분밖에는 나오지 않는다. 그러나 질병은 습관적인 긴장에서 생긴다. 그러니 우리가 서두름으로 인해 몸과 정신의 균형을 잃는다면 3분을 얻는 대신 여러 시간, 또는 며칠의 시간을 잃는 것이다.

공장이나 상점을 서둘러 떠나는 여성이 다시 일터로 돌아올 때까지 일상에서도 그 속도를 유지할 거라고 예상할 수 있다. 뇌와 몸이 이런 과장된 자극을 받기 시작하면, 의지력을 발휘하지 않고는 그걸 조용하게 만드는 건 불가능하다. 늘 서두르는 습관으로 뇌가 안개에 싸여있을 때 우리가 그보다 더 나은 기준을 어찌 알 수 있겠는가.

어느 날 큰 공장에서 일하는 소녀 중 하나가 친절하고 엄마 같은 기숙사 사감에게 서둘러 달려와서는 이렇게 말했다.

"저녁 한 끼를 먹으려고 이렇게 오랫동안 기다려야 한다는 게 지긋지긋해요. 첫 코스를 다 마친 뒤에 디저트를 먹으려고 20분이나 기다리고 있단 말이에요."

그 여성은 가만히 시계를 보았다. 12시 10분이었다.

"여기에 몇 시에 도착했니?"

"열두 시요."

"첫 코스를 마쳤니?"

"예."

"그리고 20분 동안 디저트를 기다리고 있던 거야?"

"예!"

"열두 시에 여기에 도착했는데, 그게 어떻게 가능한 일이겠니. 지금은 단지 12시 10분인걸?"

딱히 대답할 만한 말이 없었다. 하지만 소녀가 이 일을 가슴에 새기고는 자신의 고요함에 대한 기준을 조금이나마 올렸을지 모르는 일이다. 단지 몇 초의 성급함으로 우리는 뇌에 끔찍할 정도로 많은 긴장감을 쌓아둘 수 있다.

기쁜 마음으로 자신을 탐구해간다면

● 숙고한 끝에 '끔찍하다'라는 단어를 썼다. 왜냐하면 긴장이 한번 쌓이기 시작하면 그것은 쉽게 사라지지 않고, 특히 일상에서 긴장감을 더하는 경우 더 심각해지기 때문이다. 서두르면 뇌와 몸이 긴장되어 일을 쉽고 자유롭게 할 수 없다. 그리고 긴장 없이 잘 해낼 수 있는 일도 성취할 수 없게 된다.

조급함으로 인한 압박감은 뇌를 뿌옇게 만든다. 그러면 선입견에서 벗어나 사고를 확장할 수 없다. 이 압박감은 온 신경계와 근육을 긴장시켜, 좋은 음식을 먹고 맑은 산소를 마셔도 양분을 제대로 얻을 수 없게 한다.

생계를 위해 일하는 여성이든, 아니든 모두 아침에 일어나 밤에 잠들 때까지 조급함을 느낀다. 그들은 억지로 서둘러 잠자리에 들어야 하고, 서둘러 일어나야 한다. 하루 동안 해야만 하는 일들이 너무 많다.

때론 해야 할 일이 너무 많아, 시간이 부족해 일을 다 해내는 것이 불가능해 보인다. 그러나 잠시 멈춰서 조용히 생각해보라. 정말 중요한 일들은 몇 시간 정도면 다 마칠 수 있다. 그리고 남은 시간은 휴식을 취하거나 놀 수 있다.

조용히 한 가지씩 일을 마치며, 일로 가득한 하루를 보내는 것은 진실로 기쁜 일이다. 이렇게 하루가 저물면 밤에 편안하게 휴식할 수 있을 정도로 아주 행복한 피로감을 느낄 뿐이다.

한 가지 분명한 것이 있다. 조급한 느낌은 일을 촉진하기보나 방해한다는 것, 그리고 우리가 앞에 놓인 일을 더 평온히 할 수 있으면 우리는 그걸 더 빠르고 활기차게 해낼 수 있다는 점이다. 우선 우리에게 필요한 일은 우리가 언제, 어떻게 서두르는지, 왜 언제나 조급한 느낌이 우리를 따라다니는지 살펴보는 일이다. 흔쾌하고 기쁜 마음으로 자신을 탐구해간다면 해독제 또한 바로 우리 앞에 놓여있다는 걸 알게 된다.

자연은 휴식의 편에 있으며, 더 높은 기준의 고요함으로 우리를 도우러 올 것이다. 모든 이들의 정신에 있는 잠재력은 우리가 그걸 알아차리기만을 기다린다. 매일 5분간 고요히 앉아 휴식의 느낌을 되찾으며, 숨을 편안히 쉬는 것이 큰 도움이 될 거다. 그리고 서두르는 자신을 발견할 때는 멈추고, 우리가 아는 가장 큰 고요함을 기억하도록 하자. 단지 몇 초밖에 걸리지 않지만, 그걸 통해 얻는 이득은 확실하지 않은가.

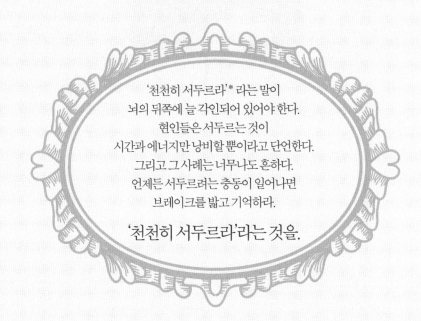

'천천히 서두르라'* 라는 말이
뇌의 뒤쪽에 늘 각인되어 있어야 한다.
현인들은 서두르는 것이
시간과 에너지만 낭비할 뿐이라고 단언한다.
그리고 그 사례는 너무나도 흔하다.
언제든 서두르려는 충동이 일어나면
브레이크를 밟고 기억하라.

'천천히 서두르라'라는 것을.

---

* 편집자 주 '천천히 서두르라(Festina Lente (페스티나 렌테))'라는 라틴어 격언이 있다.
이 지혜의 말은 로마 황제 아우구스투스가 즐겨 했던 말이라고 한다.

24
병든 사람
간호하기

● 병든 사람을 잘 간호하려면 지식뿐 아니라, 지성적 인내심, 그리고 끝없는 재치가 필요하다. 약간의 지식이 큰 도움이 되겠다. 하지만 친구가 질병을 참을성 있게 고요히 견딜 수 있도록 돕고, 빠른 회복을 돕기 위해 꼭 훈련된 간호사가 될 필요는 없다.

때로 아픈 친구와 함께 있을 수 있는 시간이 아침과 밤, 15분밖에 없을 수도 있다. 그럴 땐 낮과 밤에 해야 할 일을 잘 정돈해둔 다음, 그것들을 해놓고 가면 친구에게 직접적인 치유 효과가 나타난다. 이때 환자는 친구들이 최선을 다해 자신을 돌보고 있다고 느끼기에,

우리가 제안하는 것들을 기쁘게 따른다. 돌봄은 무엇보다도 우리가 환자에게 다가가는 마음 자세에 달린 것이다.

수석으로 학교를 졸업하고, 실행 능력도 있어 무엇을 언제 해야 할지 정확히 알고 있는 훈련된 간호사가 있다고 하자. 그가 환자의 편안함과 안정, 회복을 위해 하는 모든 일이 자기중심주의와 소란스러운 정신에서 행해진다면 어떨까. 이렇게 초조한 '직업정신'으로 행해진 모든 일은 반작용만 낳는다.

반면 간호에 대해 그다지 박식하진 않지만, 그녀의 존재로 인해 환자가 평온해지면 이것이 환자의 건강을 회복하는 데 도움이 된다. 과도한 친절은 피로하고, 때로 짜증 나는 것일 뿐만 아니라 병세를 질질 끌게 만드는 요인이기도 하다. 아픈 사람의 선호와는 관계없이 친절한 행동을 하느라 바쁜 사람들은 이기적인 친절함과 자기중심주의로 가득 차 있다.

얼굴 신경통으로 극심히 고통받던 여자가 기억난다. 그녀의 친구는 자신의 기쁨을 포기하면서까지 친구를 돕는다고 하는 자부심이 있다. 흔쾌히 어두운 방에 남아 환자의 얼굴을 따뜻한 물로 씻겨주었다. 그러나 늘 치마를 버스럭거리며 걸어 다니느라 소음을 만들었다. 이런 부산한 움직임은 따뜻한 물의 온기에서 전달될 법한 이완되는 느낌에 반작용을 일으켰다. 이뿐만 아니라, 환자의 신경 상태를 더 악화시켜 고통만 더해주었다.

사람들은 다른 사람이 아플 때 친절한 행동을 해주려 애쓴다. 그들은 환자가 약간의 고요한 시간을 가지려 할 때 환자를 재미있게 해주려고 말을 지껄인다. 또 반대로 밝고 편안한 대화가 환자의 주의력을 환기하고 혈액순환을 촉진해 건강을 회복시킬 수 있을 때 그들은 아무 말도 하지 않고 멍청이처럼 앉아 있다.

유익한 방식으로 얼마간 재미있게 얘기를 하지만, 언제 멈춰야 할지 몰라 처음 15분간 했던 모든 좋은 일에도 환자를 피곤하게 만들어버린다. 환자가 어두운 공간에서 휴식을 바랄 때 '분위기를 띄운다'고 하며 불을 환히 켜놓거나, 환자가 상쾌한 햇빛을 원할 때 커튼을 쳐버린다. 환자가 완전한 고요함을 바랄 때 호들갑을 떨며 이런저런 '친절한' 일을 하고, 환자가 홀로 있기를 갈망할 때 그들에게 관심을 쏟아붓는다. 이렇게 자신의 기분을 좋게 하고 친절한 행위로 자기만족감을 얻는 것이 친구를 기쁘게 해주는 것보다 우선시되는 돌봄은 문제라고 할 수 있다.

그들이 자기 멋대로 살도록 놔두라

또 다른 문제는 무지다. 몇몇 여성들은 친구가 건강을 회복하기 위해서라면 기꺼이 모든 것을 희생할 것이다. 그들은 기쁘게 자신의 시간과 힘을 베풀면서도 개의치 않지만, 정작 그들은 어떻게 아픈 사람을 돌봐야 하는지 모른다. 종종 이런 사람들은 슬퍼하며 풀이 죽게 된다. 환자에게 평온함을 전달하고 싶어 하지만, 그들이 가져오는 것은 불편함뿐이라 그렇다.

● 아픈 사람을 잘 돌보는 데 첫째로 필요한 것은 고요함과 생기를 주는 것이다. 그다음은 환자를 방해하지 않고, 환자가 건강을 회복하는 데 필요한 조건을 찾아내는 것을 목표로 해야 한다. 셋째는 될 수 있는 대로 편안하고 고요히 이러한 조건들을 갖추는 것이다.

묻지 말고 관찰하며 환자가 무엇을 좋아하는지, 그리고 지금 어떤 상태인지 알아내라. 물론 때로는 질문이 꼭 필요할 때가 있다. 우리가 통명스러운 대답을 듣는다고 해도 거기에 원한을 품지 말고, 사람이 아닌 질병을 비난하자. 환자에게 필요한 것이 무엇인지 발견했다면 이에 감사하자.

아픈 친구가 긴장해서 모든 주의를 불평하는 데 쏟느라 고통을 더하고 있는 것이 보인다. 그러나 이런 것들이 건강을 회복하는 데 도움이 되지 않는다고 말하는 것으로는 환자를 도울 수 없다. 대신에 우리는 그녀를 진정시켜 스스로 돌아볼 수 있게 해야 한다. 아무리 좋다고 한들, 때로 입바른 조언은 환자를 짜증 나게 할 뿐이고, 더 잘못된 길로 몰아세울 수 있다.

그러나 전달하고자 하는 바를 간접적으로 표현해서 그녀가 스스로 그걸 깨달을 수 있다면 그 충고는 환자의 회복을 도울 것이다. 아푼 사람의 건강을 회복하는 데 진정으로 도움을 주고자 한다면, 관찰과 학습을 반복해야 하며, 환자의 짜증에 원한을 품지 말아야 한다.

환자가 충분히 맑은 공기를 마시고 있는지, 적절한 때에 적당한 식사를 하고 있는지 보라. 건강을 회복하는 데 필요한 것을 방해하지 않는 한, 그들이 자기 멋대로 살도록 놔두라. 때론 환자들이 원치 않는 걸 강요해서 곧장 건강을 회복하려 드는 것보다, 차라리 건강의 회복을 늦추는 위험을 감수하는 게 나을 때가 있다. 특히 저항감이 해로울 게 눈에 보일 때 더 그러하다.

고요함, 생생한 활기를 되찾아주는 것, 빛, 공기, 영양, 정돈된 환경, 그리고 사려 깊음. 이런 것들이 아마추어 간호사가 자신이 돌보고 있는 친구를 알아가며 발전시켜야 하는 조건들이다. 앞서 말했듯, 돌보는 이는 이러한 목적으로 공부와 관찰을 반복해야 한다.

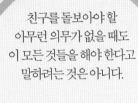

친구를 돌보아야 할
아무런 의무가 없을 때도
이 모든 것들을 해야 한다고
말하려는 것은 아니다.

그러나 친구를 돌볼 때는
무엇이 최선인지에 대한 자기 생각이 아닌
환자가 최대의 편안함을 얻는 데 매 순간,
모든 생각을 집중해야 한다.

이와 같은 약간의 사려 깊은 노력은
간호하는 사람뿐 아니라 환자에게도
새롭고 흥미롭게 여겨질 것이다.

25
질병의 습관

● 허약했던 사람들이 자신도 모르는 새, 건강을 회복하는 것은 얼마나 놀라운 일인가. 며칠간 아프다는 느낌이 이어지는데, 꽤 건강해 보인다는 얘기를 듣는 것은 별로 기쁜 얘기가 아니다. 누가 그 말을 믿겠는가. 이 글을 읽는 사람 중 건강하지만, 자신이 얼마나 건강한지 전혀 모르는 사람이 얼마나 될까. 그들 중 얼마나 많은 사람이 내가 전달하려는 힌트를 얻어 진실을 발견할 수 있을까.

신경은 습관을 형성한다. 신경은 습관 제조기와 같다. 한 여

왜 스미스 여사는 내 신경을 긁을까?

성이 신경성 고통을 유발하는 문제를 겪어왔다. 문제가 치료되었는데도 신경계는 얼마간 그와 같은 불편한 느낌을 지속한다. 아픈 기간 동안, 불편함의 습관을 형성했기 때문이다. 그렇다면 언젠가 의지로 이런 습관들을 극복해야 하는 때가 찾아온다. 그런데 의사가 이런 신경적인 습관의 희생자에게 그들이 정말로 괜찮다고 말했는데도, 환자가 의사를 믿지 못한다는 게 문제다.

"예전에 아플 때처럼 지금도 고통받고 있는데, 어떻게 내가 건강하다고 할 수 있겠어요?"

의사가 그것은 질병으로부터 생겨난 신경의 습관일 뿐이라는 사실을 환자에게 설득한다면 어떨까. 또 환자에게 자신의 습관을 지성적으로 극복하려는 의지를 불러오면 어떨까. 그러면 지난 몇 달, 몇 년 동안 환자가 병들었던 것처럼 보일지도 몇 주 이내로 회복될 것이다.

신경은 피로함의 습관을 형성한다. 한번은 굉장히 피로하다고 느낄 수 있다. 이 피로감이 신경에 너무나 강하게 각인된 나머지, 다음 번에 약간의 피로가 찾아오면 그녀는 자신이 지금 굉장히 피곤하다고 믿는다. 이렇게 피로함이 신경계에 완전히 자리 잡아간다. 이에 따라 늘 쉽게 편안하다고 느낄 수 있는데도, 그녀는 자신이 항상 피곤하다고 믿을 것이다.

종종 신경쇠약의 결과로 형성된 습관은 극복하기가 무척 어렵다. '신경의 습관'이라는 질병에서 벗어나기 위해 매일 무언가를 조금씩

할 수 있다는 것을 설득하는 것 또한 매우 어려운 일이다. 그러나 매일 조금씩 연습할 수 있다면 조금씩 나아질 것이다. 대부분 경우 신경의 습관에 대한 진실을 인지하고 그것에 따라 행동할 때, 수년간 계속되던 신경쇠약도 최대 몇 개월이면 치유가 된다.

신경은 나쁜 습관뿐 아니라 좋은 습관도 만들 수 있다. 아마 가장 나쁜 습관은 아픈 습관일 것이다. 이렇게 아프고 나쁜 습관은 질병을 놓아주지 않으려는 마음을 들게 한다. 아픔은 너무나 진짜처럼 느껴진다.

"난 이렇게 고통받기 싫어요. 이것이 단지 습관일 뿐이라면, 내가 1분 내로 벗어던질 수 있지 않겠어요?"

질병은 낡은 습관에 불과하다

● 멀리 떨어진 시골에 살며, 만성적인 신경 이상을 치유하는 것으로 동네에 명성이 자자한 젊은 의사가 있었다. 한 남자가 이 의사로부터 편지를 받았다. 한 달 수입 전액을 지급하는 조건으로 한 달간 같이 지내며 치료를 시도해보겠냐는 것이었다.

자신의 신경 이상에 관심이 많고, 그다지 바쁜 일도 없었기 때문에 남자는 제의를 수락했다. 의사는 이 사람을 치유하러 긴 여정을 떠났다. 집에 도착했을 때 의사는 몇 년 동안 그 환자가 겪은 질병에 대한 설명을 들었다. 그리고는 환자와 함께 살아가는 사람들의 이야기를 귀 기울여 듣고는 침실로 돌아가 잠을 청했다.

다음날 아침에 이 의사는 형언할 수 없는 우울감과 함께 잠에서 깼다. 원인을 찾기 위해 전날의 대화를 상기해보며 인지하기 힘들었던 의문점을 발견해냈다. 그러나 다음 날 저녁 무렵, 그는 자신에게 이렇게 말했다.

"바보 같으니라고. 제대로 알지도 못하고 여기까지 온 건 아닐까. 이 남자는 오랫동안 건강했지만 그걸 모르고 있었던 거라고. 그의 질병은 낡은 습관에 불과해. 질병 자체는 오래전에 이미 사라져버렸던 것이 틀림없어."

다음 날 의사는 아침 식사를 마치고 무엇을 할지 결정하려 오랫동안 산책을 했다. 그리고 마침내 이 집에 한 달간 머물며 약속을 지키겠노라고 다짐했다. 환자는 고집이 세고, 자기중심적이었다. 그의 고통과 불편함은 질병의 낡은 습관에 불과했지만, 그에겐 마치 진짜 질병인 것처럼 여겨졌다.

몇몇 의사들은 그가 아프다는 그 믿음을 굳세게 만들었다. 이 상황을 명료히 보았던 의사는 환자에게 힌트를 주려 해보았지만, 단박에 거부되었다. 결국 그 의사는 환자와 함께 머물며 진실을 받아들이도록 설득하는 게 그를 위한 유일한 길이라는 걸 깨달았다. 그리고 나는 그의 노력이 매우 성공적이었다는 사실에 기쁘다.

그 환자는 처음엔 자신이 건강한 사람이며, 단지 낡은 습관들이 자신을 병들게 했을 뿐임을 이해할 수 없었다. 그러나 점차 그는 건강을 회복하는 관점이 생겼고, 이를 깨우쳐준 의사에게 진심으로 감사해했다. 덕분에 환자는 자신이 노력한다면 건강한 사람이 될 수 있다는 사실을 깨달았다. 단지 오랜 질병의 습관이 뇌를 너무 둔하게 만들어 자신에 대한 진실을 인지하지 못했던 거다.

이처럼 병든 사람의 정신을 일깨워주는 유일한 길은 그를 부드럽게 빛으로 인도하는 것이다. 싸움으로는 절대 해결되지 않는다. 이 젊은 의사는 환자와 친구가 되고, 매번 환자에게 말하고자 하는 바를 스스로 발견할 수 있도록 이끌어 성공을 거두었다. 다른 사람을 돕는 유일한 방법은 그들이 자기 자신을 도울 수 있도록 돕는 것이다. 이는 특히 신경 이상에 잘 해당하는 말이다.

독자들이여. 운이 좋아 당신의 고통이 질병이 아닌 습관에 더 가깝다는 사실을 발견할지라도, 그 습관을 한 번에 깰 수 있을 거라 기대하진 마라. 상식을 가지고 천천히 접근하라. 형성되기 이전의 습관은 쉽게 깰 수 있으나, 그 이후에는 단박에 부서질 수 없다.

우선 눈, 코, 위장, 목덜미, 정수리, 어디든 불편한 느낌이 습관임을 인지하라. 그다음에는 그 습관을 천천히, 또 꾸준히 무시하라. 당신이 당신의 습관보다 더 강력하다는 걸 깨달을 때, 이런 질병의 습관들은 약해질 것이다. 그리고 마침내 완전히 사라질 것이다.

우리는 휴식해야 한다

● 질병이 발병하는 순간, 질병을 상황의 주인으로 여기는 유혹이 찾아온다. 이 유혹에 굴복하는 것은 병이 시작된 후 생기는 습관을 공고히 만드는 가장 효과적인 방법이다. 이는 우리가 언제 건강했는지 알기 어렵게 만든다.

한편, 질병에 완전히 순응하며 자연이 자기 일을 하도록 내맡기는 것, 동시에 질병의 힘을 약하게 하는 자연의 작업에 유익한 정신적 태도를 지니는 것도 가능하다. 자연은 언제나 건강을 지향한다. 우리는 자연이 전적으로 우리의 편에서 작동하도록 내맡긴다. 정신적 태도가 건강할 때 건강을 회복한다면, 그 사람은 건강할 것이다.

그는 질병의 습관에 오랫동안 시달리지 않는다. 습관이 자신을 장악하도록 허용하지 않기 때문이다. 그는 습관이 시작되기 전에 그 영향을 중화시켜 습관이 자신에게 단단히 달라붙어 있지 못하도록 한다. 우리는 올바른 방식과 지성적인 끈기를 발휘해 언제든 좋은 습관으로 나쁜 습관에 대항할 수 있다.

누군가로부터 "몇 년 전에 이런저런 질병들을 앓았고, 나는 그 영향에서 완전히 회복되질 못했어"라는 얘기를 듣는 건 슬프기보다는, 웃긴 일일 것이다. 자신의 습관에 대해 완전히 무지했거나, 질병의 습관을 던져버리고 건강한 습관을 얻는 노력을 하지 않았다는 의미이기 때문이다.

질병의 습관을 던져버리는 작업에서 우리가 사려 깊게 따르고 배울 수 있는 건강의 법칙들이 있다. 우리는 휴식해야 한다. 영양이 풍부한 음식을 섭취하고, 몸을 움직이며, 충분히 잠을 자고, 맑은 공기를 마셔야 한다. 그리고 질병은 제거해야 할 대상일 뿐이라는 인식을 확실히 해야 한다. 이처럼 질병에 대한 건강한 태도가 가장 중요하다.

때로 어떤 사람은 병이 나도 가만히 놔두고, 일에 집중한다. 이 경우, 병이 일을 조금도 방해하지 않으면서도 다시 건강해진다. 그 이유는 건강을 향한 강한 목표가 있기에 병을 하찮게 대하기 때문이다. 물론 이런 경우가 많지는 않다. 아무리 사소한 것으로 대하더라도 우리는 질병을 그 성질에 맞게 존중해야 한다. 이렇게 병을 정상적으로 다루면 나쁜 습관들은 남지 않을 것이다.

신경의 긴장으로 인한 시력 약화와 위장의 긴장을 호소하던 젊은 여성이 있다. 물론 지금 그녀는 완전히 건강하다. 그러나 조금 피로해지기라도 하면, 눈과 위장의 오래된 습관들이 머리를 들고 올라오기 시작하며, 그녀는 거기에 완전히 매여 피로해지곤 한다. 그러나 과도하게 피로해지면 적절한 휴식을 취하고, 건강한 방식으로 그것들을 무시함으로써 나쁜 습관을 끊을 기회로 삼을 수 있지 않을까?

습관의 문제는 유전의 힘이 더해질 때
아주 고통스러운 것이 된다.
젊은 사람이 과로해서 피로로 완전히 쓰러질 정도가 되면,
그 피로는 인체의 가장 연약한 부분에서 드러난다.
가장 약한 부분이 위장이라면,
피로는 소화불량으로 모습을 드러낼 수 있다.
머리에서는 극심한 두통으로 드러나며,
위장과 머리에서 동시에 증상이 일어날 때도 있다.
이와 같은 경향이 유전된 것임을 안다면
처음 떠오르는 생각은 이런 것이다.
"아빠는 항상 두통을 앓곤 했고, 할아버지도 그랬지.
물론, 내 인생에서도 그런 일이 일어날 거야."
이러한 생각을 바르게 해석하면 다음과 같이 된다.
"할아버지는 늘 두통을 앓는 습관을 형성했고,
아버지도 그 습관을 물려받아 똑같이 두통을 앓았어.
물론 나도 그 습관들을 물려받았다고 생각하는 게 당연해.
하지만 나는 그들처럼 습관을 고수하지 않고
더 나아질 수 있도록 최선을 다할 거야."

물론 머리든, 위장이든 질병의 습관은 자신의 질병일 때보다 무의식적으로 상속받은 것일 때 제거하기가 더 힘들다. 그러나 힘들다는 이유로 그것을 제거하는 게 불가능한 것은 아니다. 지성적으로 꾸준히 노력하는 것이 힘들긴 하지만, 이로부터 충분한 보상을 받을 수 있다.

자신의 나쁜 습관에 안달복달하면 안 된다. 습관은 계속되는 동안 특정한 힘이 있으며, 우리가 습관에 의지하면 의지할수록 더 큰 힘을 얻는다. 인내심을 가지고 꾸준히 습관을 다루어야 한다. 때로 이런 습관들은 자체적인 지성을 가지고 있는 것처럼 보인다.

습관을 무시하려고 하면 할수록, 습관은 더 맹렬해진다. 습관들을 무시하는 과정에서 과감한 결정을 내리면 자유를 얻는 작업이 더 쉬워진다. 습관을 지탱하던 다리가 부러질 때, 습관은 약해지며 저절로 사라지는 것처럼 보인다. 만세! 우리는 아침에 상쾌한 기분으로 잠에서 깬다. 습관이 완전히 사라진 것이다.

많은 사람이 나쁜 습관의 감옥 속에서 살아간다. 습관에서 빠져나오기를 원치 않아서가 아니라, 습관에서 어떻게 빠져나오는지 모르기 때문이다. 질병의 습관에 빠진 친구를 돕길 원한다면 꼭 알아두어야 할 것이 있다. 바로 우리가 첫 번째로 믿어야 하는 가장 중요한 점은, 이게 단지 습관일 뿐이라는 것이다.

그리고 사랑과 온화함으로 전달되지 않으면 조언은 거의 응답받지 못한다는 사실을 기억해야 한다. 동정심이 없거나, 경멸감이 있을 때의 조언은 사태를 더 악화시킨다. 단지 친구를 우리에게서 더 멀어지게 하며, 그 친구가 자신의 나쁜 습관에 더 탐닉하게 할 뿐이다. 우리가 할 수 있는 일은 여기저기에 그들이 자신에 대한 진실을 발견할 수 있도록 하는 제안들을 던져놓는 것뿐이다.

자신이 발견한 것에 관해 진심이 담긴 관심으로 그 친구가 당신에게 다가올 때 이렇게 말하지 마라.

"그래, 나도 전부터 그렇게 생각했어."

상대방이 정말 당신의 조언을 원하고, 이를 받아들여 실천하려는 것이 아니라면 조언을 하려는 욕구를 내려놓아라. 누군가를 위해, 또는 누군가를 향해 말하고 행동하는 것을 주의하라. 이는 단지 분노를 불러일으킬 뿐이다. 그리고 잘못된 습관 안으로 그들을 더 깊숙이 밀어 넣을 뿐이다.

대부분의 신경적 질병은 자신이 만들거나, 물려받은 나쁜 습관으로 생겨난다. 이러한 진실을 알아차리고, 속박으로부터 자유로워질 때까지 인내심 있게 노력하는 사람은 행복한 사람이다. 또 그릇된 신념이나 선입견을 진리에 반하는 죄로 인지하고, 이를 기꺼이 바꾸고자 하는 사람 역시 행복한 사람이다.

26
무엇이 나를 불안하게 하는가

● 여성들이 불안해하는 데에는 두 가지 이유가 있다. 첫째, 자신의 몸을 지성적으로 돌보지 않는 것. 둘째, 자신의 감정을 다스리지 않는 것.

좋은 음식을 적당히 먹고, 맑은 공기에서 몸을 움직이는 것보다 자기 자신을 비참하게 만드는 것을 더 좋아하는 여자를 알고 있다. 그녀는 "모든 사람이 나에게 적대적"이라고 말한다. 당신이 "이봐요. 당신은 씹지 않고, 건강하지 않으며, 소화가 잘 안 되는 음식을 너무 많이 먹어서 계속 위장을 긴장하게 만들어요. 자기 자신에게 적대적으로 행동하고 있는 건 당신이라고요!"라고 답한다면, 그녀는 잔뜩

화가 난 표정으로 당신을 바라보며 "당신은 어떻게 몸에만 신경을 쓰냐"고 물을 것이다.

그녀는 또 이렇게 말한다.

"그 누구도 나를 사랑하지 않아. 그 누구도 나에게 친절하지 않아. 모든 사람이 나를 무시해."

그러면 당신은 이렇게 묻는다.

"당신이 늘 불평하고 징징대는데, 그 누가 당신을 사랑할 수 있겠어요? 친근하게 구는 사람들에게 구미에 맞지 않는다는 이유로 화내며 저항하는데, 그 누가 당신에게 친절할 수 있겠어요? 당신이 아무런 것도 주지 않는데, 어떻게 누군가가 당신에게 무언가를 줄 거라 기대할 수 있겠어요?"

"하지만 나는 너무 불안해. 고통스럽다고. 왜 사람들은 날 동정해주지 않는 거지?"

"바깥에 햇살과 맑은 공기가 있는데, 지하실로 내려가서 거기가 너무 춥다며 울고 있는 여자를 누가 동정하겠어요?"

그 여자는 바로 그녀 자신이며, 늘 추위에 떨고 있다. 그녀는 밤중에 그 무게 자체만으로 그녀를 병들게 할 수 있을 정도의 이불을 덮는다. 밤에는 이렇게 보온을 해놓고 자고, 낮엔 불평할 거리가 없으면 왜 이렇게 춥냐며 종일 불평한다.

그녀는 과식으로 위장에 엄청난 압박감을 더해 놓고는, 음식을 소화하는 데 모든 생명력을 쓰이게 만든다. 그래서 그녀는 추위에 저항할 생명력이 더는 남지 않은 셈이다. 물론 즐겁게 산책이라도 한다면 혈액순환을 촉진하고, 혈액에 더 많은 산소를 제공하여 위장의 압박감과 불필요한 일을 줄일 수 있다. 그런데도 그녀는 맑은 공기를 마시며 산책을 한다는 생각에 저항한다.

건강의 법칙을 따르지 않는데 어떻게 신경의 이상이 일어나지 않으리라 기대할 수 있는가. 신경은 매우 섬세하며, 건강을 지향한다. 위장은 "나에게 불필요한 일을 시키지 마라"며 울부짖는다.

"나를 이상한 것들로 잔뜩 채우지 말아줘. 음식을 입에 마구 쑤셔 넣지 말고, 잘 씹어서 음식이 내려왔을 때 내가 불필요한 일을 하지 않도록 해줘."

아주 큰 신경중추를 통해 뇌와 밀접히 소통하는 이 불쌍한 위장은 계속해서 시위하고 있는데, 주인은 이 신호를 이렇게 해석한다.

"난 너무 불행해. 난 더 열심히 일해야 해. 누구도 나를 사랑하지 않아. 아, 난 왜 이렇게 불안한 걸까?"

혈액도 울부짖는다.

"나에게 더 많은 산소를 줘. 맑은 공기를 마시며 운동을 하지 않으면 나는 활력을 잃어버려. 그러면 내가 폐나 위장, 뇌가 일을 잘할 수 있도록 도울 수가 없어."

"맹인이 맹인을 안내하는 것과 뭐가 다르지?"

● 맑은 산소를 섭취하지 않고, 적절한 음식을 먹지 않으며, 음식을 제대로 씹지 않는 여성이 경험하게 될 다른 문제가 있다. 그녀는 저항감으로 긴장한 채 길을 걸을 것이며, 근육은 마치 밧줄로 꽁꽁 묶인 것처럼 뻣뻣해질 것이다. 비참함으로 가득 찬 그녀의 얼굴은 삶을 인내하고 있는 표정이며, 목소리는 불평으로 가득 차 있다. 그녀는 배고픈 짐승처럼 음식을 게걸스레 먹거나, 아니면 음식에 대해 엄청 까다롭게 군다.

피곤하고 배고픈 아이가 음식을 놓고 투정하는 모습을 본 적이 있는가. 엄마는 아이의 입에 젖병을 물리려 애쓰고, 아이는 고개를 홱 돌린다. 마치 엄마가 입에 쓴 약이라도 넣어준 것처럼 팔을 휘두른다. 그러나 마침내 엄마가 입을 벌려 젖병을 물리는 데 성공했을 때, 아이는 이전과는 완전히 대조되는 모습을 보인다. 아기는 너무나 고요하고 만족한 것처럼 보이며, 작은 몸이 만족감으로 가득 찬다.

이는 마치 신경 이상에 걸린 여성이 의식적이든 또는 무의식적이든, 맑은 공기와 좋은 음식, 그리고 음식을 바르게 먹는 것, 등등의 모든 건전하고 힘을 주는 그녀의 신경을 고요하게 만드는 것에 저항하는 것과 같다. 그녀는 반대로 자신을 움츠러들게 하고, 약하게 하며, 만성적인 긴장을 만들어내는 모든 것들에 고통스럽게 매달린다.

그녀가 저항하는 또 다른 것이 있다. 그녀는 휴식과도 싸운다. 이 여자는 신경질적인 짜증에 이르도록 몸을 닳게 한다. 그리고 힘이 부족해 압도되어 피곤해질 때까지 더더욱 열심히 일하려 든다. 이 여자는 약간의 힘을 되찾는 순간, 한 번에 이 힘을 사용해버려 다시 피곤해진다.

딸이 불안해하며 "엄마가 저 많은 불필요한 것들을 하지 않았으면 좋겠어요"라고 말한다. 며칠 후, 어머니는 피곤한 얼굴로 돌아와 지친 목소리로 이렇게 말했다.

"내가 쉬기 전에 불쌍한 로빈슨 부인을 만나야 해. 신경쇠약으로 병에 걸렸다는 얘길 들었어. 이럴 수가 있나. 왜 그녀는 자신을 돌볼 수 없었던 걸까?"

어머니의 이 말에 딸은 다음과 같이 말했다.

"하지만 엄마, 제가 로빈슨 아주머니를 만나서 꽃도 주고, 아주머니가 편찮으신 걸 엄마가 알면 참 애석해할 거라고 이미 얘기했는걸요."

어머니는 조금은 짜증 난 목소리로 말했다.

"딸아, 참 잘했구나. 하지만 그건 내가 방문한 것이 아니잖니. 신경쇠약에 걸렸다는 얘기를 들은 오늘 로빈슨 부인을 만나지 않고 하루가 지나가 버리면 그건 불친절하고, 이웃 간에 우애가 없는 일이란다. 그런 나를 용서할 수가 없어."

"하지만 엄마도 피곤하잖아요. 엄마도 휴식이 필요한 상태에요."

어머니는 짐짓 옷매무새를 다듬으며 말했다.

"딸아, 이웃에게 친절을 보이지 못할 만큼 피곤하지는 않단다."

그렇게 어머니가 집을 나섰을 때, 딸은 몇 주 동안 쌓아두었던 긴장이 풀리며 펑펑 울었다. 마침내 충분한 안도감이 들자, 눈물을 흘리면서도 웃음이 터졌다.

"신경성으로 지친 한 여자가 신경쇠약에 걸린 여자를 위로하고 기운을 북돋워 주러 갔네. 맹인이 맹인을 안내하는 것과 뭐가 다르지? 엄마도 신경쇠약에 걸리는 데 얼마나 걸릴지 모르겠네."

물론 딸의 자리와 어머니의 자리가 바뀔 수도 있다. 우리는 실제로 가족이나 친구 사이에서 이와 같은 이야기를 보곤 한다.

이 이야기는 "내가 왜 이렇게 불안한 걸까?"라는 질문에 대한 첫 답문이다. 운동하고, 맑은 공기를 마시며, 식사하고 쉬는 데 상식적으로 행동하지 않기 때문이다.

자연은 건강을 지향한다. 당신의 몸 전체가 건강을 지향한다. 자신의 습관을 발견하고 분별력이 생기기 시작하면 위대하고 활기찬 힘이 당신을 지지해준다. 얼마나 빨리 힘을 회복하는지 놀라울 것이다. 자연이 당신과 동행하기까지 시간이 걸릴지도 모른다. 오랫동안 올바른 길에서 벗어나 있었다면 재조정하는 데 시간이 걸리기 때문이다. 하지만 건강의 법칙을 거스르기보다 따르기 시작해보라. 우리가 건강의 흐름을 타면 이 흐름에서 벗어나 흐름을 거스르려 할 때보다 더 빠르게 건강을 회복할 수 있다.

불안한 양심은 진정한 양심이 아니다

● 여자들이 불안해하는 두 번째 이유는 감정을 다스리지 않기 때문이다. 불쾌한 감정으로 인한 긴장은 여자들을 불안하게 한다. 우리가 그 불안을 이해하려고 하면 그 여자가 원하는 대로 되지 않기 때문에 긴장한다는 걸 알게 된다.

돈이 충분치 않다, 좋아하지 않는 사람과 함께 살아가야 한다, 사람들이 자신을 좋아하지 않고, 자신을 거부한다고 느낀다, 할 일이 너무 많다, 삶에 아름다움이 더 넘쳐나기를 바란다. 이런 불평들이다.

때로 한 여성은 자신이 바라는 대로 되지 않는 이유나 시기를 온전히 알고 있었다. 그녀는 자신이 무엇에 초조해하는지, 그리고 그 초조함이 그녀를 계속 피곤하고 짜증이 나게 하는 것임을 알고 있었다. 그러나 때로 여성은 무엇이 만성적인 신경과민 상태로 자신을 만드는지 전혀 의식하지 못한다.

나는 한 여성이 어떤 상황이나 사람에게 완전히 체념했다고 말하는 것을 보았다. 그녀는 무의식적으로 어떤 상황이나 사람에게 격렬히 저항했고, 그 저항이 그녀를 아프게 했다. 이때, 긴장은 두 배가 된다. 첫째로 특정한 사람이나 상황에 대한 만성적인 저항이 있고, 둘째로 성스럽게 포기한 듯 자세를 취하는 것의 긴장이 있기 때문이다. 다른 사람에게 위선을 떠는 일은 나쁜 일이다. 하지만 우리가 위선으로 자신을 속일 때 긴장은 두 배가 된다.

신경 전문의가 환자에게 이렇게 말을 한다.

"환자분, 진짜로 위선자로 사는 걸 멈춰야 해요. 위선 떠는데 필요한 신경의 힘이 바닥이 났다고요."

끔찍한 일이지만, 대부분 경우 여자는 의사에게 분개하며 집으로 돌아간다. 그래서 전보다 더 위선자가 되고, 더 아프게 된다.

생활비를 충당하기 위해 친척이 집에 있을 필요가 있지만, 동시에 신경을 거스른다는 이유로 울며 친척을 쫓아내는 여자를 본 적이 있다. 친척이 집을 떠나면 생활비를 충당하지 못하니, 소피아를 내보내는 것이 잘못된 일이라고 생각해 다시 눈물을 흘린다.

결국엔 불쌍하고, 순진하며, 불평하지 않는 희생자가 다시 돌아온다. 그러나 소피아는 이 초조한 여자에게 해를 끼치지 않는다. 그녀의 모든 문제는 계속 정제되지 않은 방식으로 화를 내고 저항하는 데서 온 듯하다.

사촌 소피아를 몇 번이나 다시 집으로 돌려보내고 초대했는지 모른다. 신경증적 문제의 원인이 전적으로 자신에게 있다는 것을 알지 못했기 때문이다. 사촌 소피아의 악의 없는 버릇과 자신에게 맞지 않는 삶의 방식에 대한 저항을 멈추고, 늘 저항하곤 했던 것에 항복하기 시작하면 그녀의 짐은 꾸준히 가벼워져 행복해질 것이다.

옳은 일을 한다는 신경의 긴장은 매우 고통스러운 것이다. 특히 이런 긴장을 겪는 대부분 여성은 실제로 옳은 일을 하는 것을 별로 신경 쓰지 않기에 더 그렇다. 남의 흠을 잡으며 옳고 그름에 대해 말하지만, 정작 몇 달 동안 자신을 위해 일한 남자에게 꽤 많은 임금을 지급하지 않는 여자를 보았다. 그가 돈이 필요하다는 것을 아는데도 말이다.

불안한 양심은 진정한 양심이 아니다. 한 여자가 다른 여자의 친절에 빚진 것을 걱정하며 친절을 다하기 위해 어려움을 겪는 것을 보았다. 같은 날, 그녀는 아무런 후회 없이 다른 친구를 혹독하고 심하게 대하며 깊은 상처를 남겼다.

'감정'을 내려놓고 '사실'을 마주하기

● 신경질적인 여자의 감정은 계속 그녀 자신을 불안하게 만든다. 마음대로 하려는 여자의 신경질적인 욕망과 긴장된 반항심은 뇌를 뿌옇게 만든다. 그래서 주요 원인과는 아무런 관련이 없는 온갖 종류의 감정으로 신경을 비틀리게 한다.

성가신 친척을 가진 여자는 친절하고 관대하게 여겨지기를 원한다. 돈에 대한 불안한 양심을 가진 여자는 다른 사람을 대할 때 바르고 공정하게 여겨지기를 바란다. 긴장된 양심을 표현하는 모든 여성은 옳은 일을 하기 위해서가 아니라, 자신의 편안함을 위해 양심을 완화하고 싶어 한다.

신경의 긴장이 더 깊고 발견하기 어렵기에, 나는 우선 '신경질적인 위선자'에 관해 쓰겠다. 이런 여자를 보는 것은 끔찍한 악몽 속에서 자신의 선함에 자족하는 신념으로 살아가는 여자를 보는 것과 같다. 수많은 긴장된 '성현(聖賢)'들 가운데 이 글을 읽고 자신을 발견할 수 있다면, 지금 내가 괴로워하며 글을 쓰는 것보다 몇 배는 더 가치 있는 일일 것이다. 자신을 알지 못해 항상 긴장하고 있는 위선자들은 자신을 보살피는 사람들에게 훈계를 늘어놓는 것 외에는 아무런 쓸모가 없어질 때까지 점점 더 아프게 된다.

가장 큰 문제는 혼탁한 감정을 통해 온다. 한 여자가 신경의 긴장을 느끼기 시작하고, 이 압박은 흥분된 감정으로 이어진다. 이러한 감정은 어떤 사람이나 사건이 민감한 지점을 건드리면 언제든 흥분되고, 고통스러운 감정들로 끓어오를 수 있는 감정 덩어리가 된다. 여자의 감정이 건드려지고, 감정이 그녀를 장악해버리도록 놔두면 이성은 사라져버린다. 이런 여자가 상식을 이해한다고 생각하는 사람은 자신이 완전히 잘못 알고 있었다는 걸 깨닫게 될 것이다.

유일한 치유책은 감정적인 소용돌이의 한가운데 있을 때, 자신이 얼마나 상식으로부터 멀어져 있는지 자각하는 것이다. 그리고 다음과 같이 말하는 법을 배우는 것이다.

"지금 나에게 말하려고 하지 마. 난 지금 이성적인 상태가 아니야. 그러니 내가 고요해질 때까지 기다려."

그리고 나서 그녀가 홀로 자리를 떠서 감정과 감정 이면의 긴장을 털어낸다면, 외부의 도움 없이도 분명한 판단력이 생긴다. 또는 그녀보다 더 맑은 정신을 지닌 사람의 도움을 감사히 받을 준비가 되어 있을 것이다.

한 젊은이가 여동생에게 말했다.

"제발 앨리스에게 그런 말은 하지 마. 발작을 일으킨단 말이야. 그다음엔 6주 동안 소화불량과 불면증에 시달릴 거라고."

이 젊은이는 신경과 전문의도 아니었고, 신경증에서 벗어나는 것을 제외하면 신경의학에는 관심도 없었다. 그러나 그는 누이와의 경험과 상식을 통해 진실을 말했다.

핵심은 감정을 내려놓고 사실을 마주하는 것이다. 신경질적인 여성이 이러한 필요를 인식하고 실천한다면, 그녀의 신경은 놀랍도록 많이 개선된다.

언젠가 감정이 자신을 압도하고 신경질적으로 병들게 한다는 것을 알게 된 여자를 만난 적이 있다. 그녀는 즉시 의지를 발휘하여 훈련하러 갔다. 어떤 일이 커다란 감정의 물결을 일으킬 때마다, 그 물결이 자신을 거쳐 지나가 세상을 분별력 있는 시각으로 볼 수 있을 때까지 의도적으로 이완하고 또 이완했다. 혼자 누워 쉴 수 없을 땐, 마음을 다잡고 발의 무게를 느끼며 걷곤 했다. 걸으며 감정으로 인한 긴장을 내려놓으면 그 감정이 자신을 사로잡지 않아 자연히 사라지기 때문이었다.

어떻게 긴장을 푸는지 모르는 여자를 알고 있었다. 이런 감정적인 흥분에서 벗어나기 위해 그녀는 자신의 관심을 숫자나 은행 계좌 또는 구구단을 외우는 것으로 돌리곤 했다. 건조한 수치나 정확히 덧셈하는 것에 꾸준히 집중하면 뇌의 흥분이 가라앉고, 다시 정상적인 상태가 되었다.

어떤 여성들이 때로 병들게 될 정도로 극단적인 것에 탐닉하는 이유는 즐거운 감정 때문이다. 오페라나 콘서트, 또는 흥미진진한 연극의 즐거움에 '부서질 정도로 애 닳아버린' 여자들에 대해 들어본 적이 있는가. 이 여성들이 신경을 조여 즐거움을 붙잡으려 애쓰는 대신, 즐거움이 그들을 통과하도록 내버려 둔다면 그 쾌감이 훨씬 더 증폭하는 걸 알 것이다.

우리 안의 자연은 언제나 건강과 기쁜 감각을 지향한다. 괴로운 감정이 들 때 긴장을 풀면, 그 뒤에 숨어 있던 좋은 판단력과 행복을 발견할 것이다. 즐거운 감정이 신경을 통과할 수 있도록 이완하면, 그 감정은 행복한 감각의 흔적을 남긴다. 이는 자연이 우리에게 선물을 하나 더 마련해주는 셈이다.

요약해 보자.

여성이 신경질적인 데에는 두 가지 주요한 원인이 있다.

하나는 몸을 지성적으로 돌보지 않는다는 것,
다른 하나는 자신의 감정을 제어하지 않는 것이다.
그러나 이러한 이유의 이면에는 그들이 자신의 방식을
고집하길 원한다는 사실이 있다.
자신의 방식이 옳더라도 이를 이기적으로 밀어붙일 이유는 없다.

어떤 여자가 "내가 열심히 일하지 않아도 되거나,
이런저런 간섭을 받지 않을 수 있다면
내 몸을 지성적으로 돌볼 수 있을 거야"라고 생각한다면
정신적으로 잘 준비된 상태로 자신이 할 수 있는 일을 하게 놔두자.

그녀는 해야 할 일들과 여러 간섭이 있는데도,
몸을 정상적으로 돌보는 많은 방법이 있다는 것을 깨달을 것이다.

건강할 수 없다면 가능한 한, 건강해야 한다는 옛말이 있다.

과로하고 실질적인 간섭으로 꽉 막혀 있더라도
건강을 목표로 하도록 하자.

27
성격의 문제

● 감기에 걸려본 적이 있는가? 걸려본 적이 있다면 감기라는 말이 얼마나 잘 지어진 말인지(영어 단어인 Grip에는 '감기'라는 뜻뿐 아니라 '꽉 붙잡다'라는 뜻도 있다-옮긴이 주), 감기가 어떻게 당신을 '꽉 쥐어' 세상에 감기 말고 아무것도 없는 것처럼 보이게 만드는지 알 것이다. 감기가 당신을 완전히 사로잡는 것처럼 보일 테니까.

아일랜드 사람들은 감기란 '일주일간 앓고, 완전히 낫는 데 6주가 걸리는' 질병이라고 말한다. 이는 감기가 당신을 완전히 장악해서 온전히 회복되기 전에 몸의 힘을 전부 빼놓고, 몸속 곳곳에 숨어 모습을 가린 채 잠복하기 때문이다. 이미 아는 바와 같이 우리가 긴장을 풀고 감기에 저항하지 않으면, 불편함에 저항하고 몸을 긴장시켜 혈액순환을 방해할 때보다 혈액순환이 더 좋아져 감기가 더 빨리 낫는다.

내가 전달하려는 핵심은, 감기에 걸렸을 때 이완하는 것이 생각보다 쉽다는 것이다. 이는 무엇을 더 하려는 노력이 아니라 덜 하는 노력으로만 가능하다. 감기의 힘이 절정에 달해 우리가 전적으로 이 힘에 사로잡혀 있다고 느낄 때 감기에 항복해보라. 자연이 건강을 회복하도록 도와 감기에서 회복되는 데 6주가 걸리지 않는다.

이렇게 병에 사로잡히기보다 긍정적인 마음으로 항복하기 위해서는 이것이 불가능하다는 생각을 버려야 한다. 그리고 고통이나 불편함에 집중하는 대신 고통스러운 불편함이 불러오는 긴장을 내려놓는 데 몰두해야 한다. 즉, 감기에 저항하기를 포기해야 한다는 말이다.

다른 병이나 고통에도 마찬가지다. 이가 아프다고 아픈 것에만 집중하면 더 아파지는 건 당연한 일이다. 그러나 아픈 이가 유발하는 긴장을 내려놓는 데 집중한다면 치과의사만이 그 고통을 멈출 수 있다 하더라도 통증을 조금 줄일 수 있다. 충치가 생겨 일주일이나 아팠던 적이 있다. 낮에 일하고, 밤에 잠을 자기 위해 계속해서 충치로 인한 긴장을 내려놓아야만 했다. 이는 통증을 견딜만하게 했다. 게다가 이가 다 나았을 때 내가 이 과정에서 얼마나 많은 습관적인 긴장을 내려놓았는지 알 수 있었다. 그리고 충치가 생기기 전에 나에게 얼마나 큰 행동의 자유가 있었는지 발견하곤 놀랐다. 심지어 나는 더 자유로워지기 위해 충치가 하나 더 있어도 괜찮겠다는 마음마저 들었다.

우리는 몸과 마음의 모든 고통을 제대로 받아들여 이 고통이 끝났을 때 더 큰 자유를 얻기를 희망해야 한다. 이는 모든 고통과 병에 똑같이 적용된다. 자연은 건강한 상태를 추구한다. 우리가 항복하는 안내자로 질병을 택해서 더 깊이 긍정적인 노력을 기울인다면 어떨까. 우리가 바로 자연이 최선을 다할 수 있는 길을 열어주는 셈이다. 항복하는 데 집중하고, 통증에 집중하지 않는다면 우리는 멋진 결과를 얻게 된다. 이것이 멋있게 보이는 이유는 진정한 자유를 얻는 것에 온전히 집중하는 사람이 너무나 적기 때문이다.

모든 인간 삶의 근원은 '성격'이다

● 대부분 사람에겐 질병이나 불편함이 오히려 익숙하다. 그래서 이를 거스르는 노력을 부정적으로 보기에 아무런 노력을 하지 않기도 한다. 부정적인 노력은 더 나쁜 것으로부터 우리를 보호하는 것 같지만, 그게 전부다. 나는 이 노력이 우리를 더 나아지게 하지 않는다고 생각한다. 반면, 질병을 극복하려는 긍정적인 노력은 아주 느린 속도로 우리를 나아지게 한다. 하지만 대개 이

를 통해 질병으로부터 잘 빠져나올 수 있다.

홍역, 백일해, 성홍열 또는 더 심각한 질병을 앓을 때 질병을 부정적인 것으로 인식하고, 그것으로부터 자유로워지려는 긍정적인 노력을 한다면 결과는 천 배 더 가치 있을 것이다. 아이들이 홍역이나 백일해에 걸렸는데, 어떻게 도울지 모르겠다면 어머니들은 무얼 해야 할까. 아이들을 대신해 긍정적인 노력을 하고, 홍역과 백일해를 부정적인 대상으로 삼아라. 아이에 대한 엄마의 긍정적인 태도는 조급함을 없앨 것이다.

누군가 단번에 긍정적으로 변한다고 믿는 것은 아니다. 긍정적인 태도 이전에 우리는 힘들여 노력해야 한다. 정신과 몸의 문제를 부정적으로 인식하는 습관이 필요하고, 그것들을 정복하는 긍정적인 자세를 갖추어야 하며, 이 과정에서 잃은 것을 다시 얻는 과정을 반복해야 한다.

나는 '몸과 마음의 문제'라고 했다. 그런데 '몸과 마음, 성격의 문제'라고 적거나 '성격'만을 놓는 것이 더 나은 선택일 수 있겠다. 결국엔 따지고 보면 모든 인간 삶의 근원은 '성격'이다.

쉴 새 없이 불평만 하는 여인이 있다. 매일 아침, 그녀는 몸의 아픈 곳을 이야기하며 짜증 나서 징징거리는 말투로 숨 쉬듯 불평을 내뱉는다.

그녀의 이야기를 들으며, 그녀가 모든 고통을 항복하라는 신호로 삼으면 얼마나 유용할지 생각해본다. 또 그녀가 이렇게 하면 일을 얼마나 더 잘할 수 있게 될까 하는 생각마저 든다. 그러나 누군가 감히 이런 제안을 한다면 그녀에게 불평거리만 하나 더 얹어주는 셈이다. 매정한 친구가 이해도 못 해주는 꼴이 되는 것이다.

"아무도 날 이해하지 못해, 아무도 말이야."

우리는 얼마나 자주 이런 불평을 듣는가. 우리는 얼마나 자주 이런 얘기를 들으며 속으로 질문을 하는가.

'넌 자기 자신을 이해하니?'

우리가 자기를 이해하는 데 가장 큰 장애물은 자신의 안 좋은 점을 보려 하지 않는다는 것이다. 독선적인 태도로 자신의 흠을 찾는 것이 겸손이라고 믿는 건 쉽다. 그러나 다른 사람이 우리의 흠을 찾는 것은 또 다른 문제다. 불편함과 고통에 힘을 주는 방식으로 주의를 기울일 때, 누군가 목표를 바꿀 수 있다고 제안한다. 그러면 우리 안에서 저항과 분노가 일어나는데, 이는 우리의 성격을 명확히 드러내 준다.

핑계를 대는 파괴적인 습관은 우리의 약점과 단점을 좋게 보고, 이를 극복하려는 노력을 부정적으로 만드는 것이다. 흠을 발견하고 그것이 정당할 때 우리가 그간 얼마나 많은 선한 일을 했는지, 또는 다른 이들보다 얼마나 더 나은 일을 했는지 등등의 문제는 아무런 상관이 없다. 긍정적인 방식은 영혼을 담아 "감사합니다"라고 말하는 것이며, 단점으로부터 스스로 자유롭게 되는 것을 목표로 하는 것이다.

왼쪽 뺨에 얼룩이 묻었다는 얘기를 들었을 때 비누와 물로 얼룩을 지울 수 있는 걸 감사해하는 대신 오른쪽 뺨이나 이마, 또는 손이 깨끗하다고 주장하는 것은 얼마나 우스운 일인가. 얼룩이 묻었다는 것을 알면서도 씻지 않고 "이러저러해서 얼룩이 없을 수도 있었어", "얼룩이 없었더라면 말이지"라며 핑계와 설명, 항변을 늘어놓는 건 얼마나 우스꽝스러운 일인가. 얼룩을 지우지 않고 내버려두는 꼴이다.

그런데도 성격의 단점을 지적받았을 때 대부분 사람이 반응하는 모습을 이렇게 설명한 건 절대 과장이 아니다. 얼굴 반대쪽은 얼마나 깨끗한지 핑계를 댈 때, 우리는 얼굴에 묻은 얼룩을 긍정적으로 인식하는 셈이다. 핑계를 대거나 저항하면서, 건강과 자유를 얻는 정상적인 방식에는 주의를 기울이지 않는다면 어떨까. 또 불쾌한 것에만 집중하면 어떻게 될까. 아마 병이나 고통 또는 어려운 상황이 사방에서 압박해 오는 처지에 직면하게 될 것이다.

그러면 자신과 질병에 대한 표현은 긍정적인 것으로 되고, 이에 반하는 노력은 부정적인 것으로 되어버린다. 이 경우, 우리는 질병에서 빠져나오려는 긍정적인 노력을 하지 않았을 때 감기가 우리를 사로잡는 것처럼 자아의 감옥에 사로잡힌다. 자아에 사로잡히는 것은 감기에 사로잡히는 것보다 더 심각하고, 더 깊으며, 더 미묘한 문제다. 이기심에 사로잡히면 목표를 달성하려 충동적이고 어리석은 노력을 하게 된다. 자아는 자신이 소유한 사람의 적이라는 것을 매일 증명한다.

신과 우리 자신과의 계약

● 신은 우리가 그에게 순종하거나 자신의 이기적인 방식을 택할 자유를 주었다. 그의 무한한 섭리 안에서 신은 우리에게 이기적인 길은 죽음으로 가는 길이고, 그에게 순종하는 것이 삶의 길임을 끊임없이 보여준다. 그에게 순종하는 것만이 진정한 자유를 찾는다는 뜻이다. 그는 우리에게 상상할 수 없는 부드러운 관대함과 친절을 끊임없이 퍼붓고 있다. 때로 우리는 이를 보는 걸 거부하는 것처럼 보인다. 진실로 우리는 몸의 모든 고통과 영혼의 결함을 긍정적으로, 이를 극복하기 위한 노력을 부정적인 것으로 인식한다. 그렇게 해서 자신을 맹인으로 만든다.

우리에게 정복하고 싶은 불쾌한 습관이 있어서 친구에게 그 습관을 볼 때마다 꼬집어 달라고 했다고 해보자. 그가 동의하여 우리를 꼬집을 때 팔짝 뛰고, 팔을 문지르며 왜 꼬집었냐고 화를 내는 것은 이상한 일일 것이다. 또 이 습관을 지속하게 해주는 안내자로 꼬집는 걸 삼는 것은 더 웃긴 일일 것이다. 신은 항상 이런 방식으로 우리를 꼬집고 있는데, 우리는 화를 내거나 자신의 팔자를 불평하며 반응한다. 성격상의 약점을 긍정적인 것으로 여기고 꼬집는 걸 약점을 강조하는 것으로 받아들이며 신에게 응답할 수도 있다.

한 가지 문제는 신과 우리 사이에 동의가 존재한다는 것을 인지하지 못한다는 것이다. 인지했더라도 우리는 까먹는다. 그러나 동의 그 이상의 것이 존재한다. 바로 '계약'이다. 신은 계속 변함없이 그의 역할을 한다. 반대로 우리는 거듭 실패한다. 신은 애정 어린 친절로 우리를 꼬집고 있는데, 우리는 바보 같은 이기심에 신이 던지는 신호를 무시한다. 단점을 긍정적인 것으로, 이를 정복하는 노력을 부정적인 것으로 만드는 사례가 있다. 내가 아는 한 여자에게서 자주 볼 수 있었다.

그녀는 친구에게 자신의 잘못된 정신적 태도에 대해 진지하게 후회하는 말을 자주 하는 사람이었다. 그녀는 자신이 얼마나 이기적인지, 이기적이지 않은 행동을 할 때마저도 사실 자기의 생각은 얼마나 이기적인지 말하곤 한다. 그녀는 더 잘하기 위해 쏟는 노력에 관해 이야기하면서, 동시에 자신의 노력이 절대적으로 무익하다고 믿는 것을 고백한다.

처음에 나는 이 고백에 상당 부분 동의했다. 그리고 그녀가 자신과 자신의 동기를 명확하게 이해하는 것 같다고 생각했다. 그러나 친분이 쌓이고 관찰을 해보니 그게 아니었다. 그녀가 자신의 악을 고백하는 것이 거울 앞에서 자신의 아름다움에 감탄하는 것과 같은 자부심이라는 걸 알고서 놀랐다. 이기적인 만족감은 종종 기쁜 감각만이 아니라, 슬픈 정신적 태도에서도 발견된다. 결국, 이 여인은 자신의 단점을 음미하는 것에 관한 자부심을 인식했다. 또 긍정적인 것으로 이 자부심을 인식하고, 반대되는 태도를 부정적인 것으로 삼았다는 것도 깨달았다. 그녀는 긍정적인 태도로 이러한 자부심을 맞이했다. 따라서 자부심을 거스르는 태도는 부정적으로 인식한 셈이다.

다양한 종류의 이기심이 우리를 지배하도록 놔두는 가장 흔한 부정적인 태도는 뭘까. 자신의 약점을 심각하게 슬퍼하면서도, 계속 자신의 흠만을 바라보고 한탄하며 스스로 세뇌하는 것이다. 이는 우리가 단점을 정복하기 위해 노력한다고 자신에게 최면을 거는 것과 같다.

우리가 힘을 주지 않는 이상, 우리 안의 악은 아무런 힘이 없다는 사실을 인식하는 것은 어떤 의미일까. 그건 자신의 노력을 긍정적 대상으로, 악을 부정적 대상으로 만드는 첫걸음이다. 우리 안의 악이 힘이 없을 뿐 아니라, 우리가 힘을 보태지 않으면 그다지 중요하지도 않다는 것을 깨달으면 한 발짝 더 나아간 셈이다. 그다음 단계는 악에 복종하거나 저항하기를 거부하는 것이다. 이는 악으로부터 멀어지며 그게 무엇이건, 우리가 하는 긍정적인 일에 집중함을 의미한다.

부정적인 태도와 유혹에 넘어가 혹독히 고통받는 사람들에게는 유전된 악의 문제 속에 답이 있다. 한 젊은 여인이 이렇게 말한다.

"내가 이렇게 자랐는데, 어떻게 좋은 사람이 되겠어요? 내 아버지가 어떤 사람인지 보세요. 나는 그의 딸이란 말이죠. 그러니 내게 희망이 없는 이유를 쉽게 이해할 수 있을 거예요."

　　그녀는 이 말을 강하게 믿었고, 자기의 삶이 가치가 없다는 생각에 빠져 있었다. 우리가 버릇을 잘못 들여 이기심을 자신의 것으로 만들지 않는 한, 물려받은 이기심이란 존재하지 않는다. 이걸 설득하는 데에는 시간과 지혜가 필요했다. 우리가 물려받은 유산을 알아서 우리는 미리 채비를 갖춘다. 우리를 온전히 자유롭게 하려는 노력으로 얻은 힘은 그간 시달려온 것을 충분히 보상하고도 남을 것이다. 이는 창조주의 자애심이라 할 만하다.

　　이 여인은 예수 그리스도와 함께 가기 전에 돌아가서 아버지를 장사 지내려는 남자의 이야기에 담긴 진정한 의미를 깨닫게 되었다. 예수는 "죽은 자들이 죽은 자를 장사지내도록 하고, 너는 나를 따르라"라고 말했다. 유산이 우리를 속박한다고 느낄 때, 우리는 죽은 자가 죽은 자를 장사지내도록 놔두지 않는 것이다.

　　그러니 모든 문제를 더 신중하게 연구하여 병과 악, 모든 것이 우리에게 부정적인 대상이며, 이를 정복하려는 우리의 노력만이 긍정적이라는 걸 배우도록 하자. 이렇게 병과 악은 부정적인 것보다도 더 작아져 점차 없어지고 사라질 것이다.

　　단지 피로에 대한 예만 들어보아도 그렇다. 우리가 피로에 대한 긍정적인 인상을 거부하고 휴식을 취할 것이라는 사실에 집중하여 긍정적인 태도로 대하면 피로는 휴식이 필요한 시간의 절반, 아니 그보다 더 짧은 시간에 사라질 것이다. 몇몇 사람들은 만성피로를 달고

사는데, 이는 피로에 지속적인 주의를 기울이기 때문이다.

"그래, 나 피곤해. 하지만 이제는 가서 쉴 거야!"

이런 태도가 현명한 것이다.

자연은 건강을 지향한다. 우리가 이를 깨닫고 긍정적으로 생각한 다면, 우리는 건강하게 작동하는 자연의 법칙에 감탄하고, 그것을 사랑하게 될 것이다. 뿐만 아니라, 지성적으로 자연의 법칙에 순종함으로써 활력을 느낄 것이다.

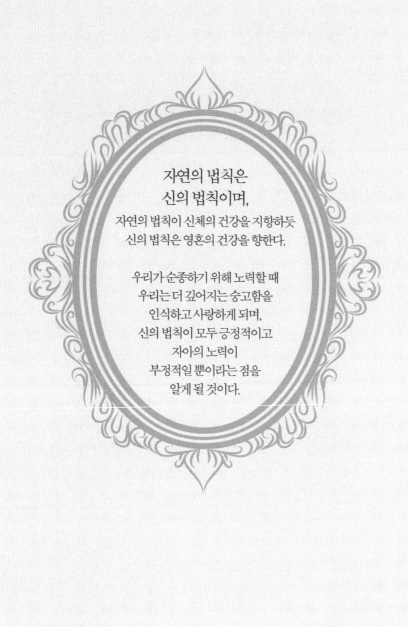

자연의 법칙은
신의 법칙이며,
자연의 법칙이 신체의 건강을 지향하듯
신의 법칙은 영혼의 건강을 향한다.

우리가 순종하기 위해 노력할 때
우리는 더 깊어지는 숭고함을
인식하고 사랑하게 되며,
신의 법칙이 모두 긍정적이고
자아의 노력이
부정적일 뿐이라는 점을
알게 될 것이다.

28
인간 먼지

● 제대로 문제를 직시하고 주의를 기울인다면 오늘날 사람들의 삶에서 가장 두드러지는 것은 우리가 만성적인 흥분상태로 살아간다는 사실이다. 이 사실은 '아무런 일도 일어나지 않을 때' 사람들이 권태로 얼마나 힘들어하는지 보면 쉽게 증명된다. 현대인에겐 한 시간, 또는 그 이상 멈춰서 아무것도 안 하는 것이 거의 불가능에 가까운 것처럼 보인다.

누군가는 이렇게 말할 것이다.

"하지만 내가 종일 바쁘게 일할 수 있고 그 시간을 충분히 누릴 수 있는데, 멈춰서 아무것도 안 하고 있을 이유가 있나요?"

또는 다음과 같이 말할지도 모른다.

"내가 일에 거의 미쳐있고 일을 끝내야만 한다고 느끼는데, 어떻게 내가 멈춰서 아무것도 하지 않을 수 있겠어요?"

자, 답을 해보자.

"바쁠 때, 그리고 바쁨 속에서 행복함을 느낄 때 당신은 멈춰서 아무것도 하지 않을 필요가 없을 겁니다."

또는 이렇게 답할 수도 있겠다.

"당신이 일에 '미쳐있지' 않다면 일을 더 잘할 수 있겠지만, 멈춰서 아무것도 하지 않아 일을 방해하거나 지연시킬 필요는 없겠죠. 그러나 당신은 멈춰서 아무것도 하지 않을 수 '있어야' 합니다. 자기 일을 조용히, 그리고 만족스럽게 처리할 수 있어야 해요. 그러면 일을 더 잘할 수 있겠죠."

일 잘하고, 잘 노는 사람들이 언제라도 멈춰서 아무것도 하지 않을 수 있는 능력이 있다는 걸 아는 사람은 드물다. 충분히 사려 깊고 고요히 관찰해보면 모든 사람이 얼마나 흥분상태로 삶을 살아가는지 볼 수 있다. 아침에 딱히 해야 하는 일이 없는 여성들이 마치 불이라도 끄러 가는 양 흥분된 상태로 식사를 하러 온다. 이 여성들의 고요함에 대한 기준은 너무나 낮아서, 아무것도 아닌 모든 일에 호들갑을 떤다.

얼마 전, 어떤 남자가 사무실 근처에서 친구와 걸으며 너무 과하게 수다를 떨어서 피곤해졌다는 얘기를 했다. 이런 일은 일상적이다. 일상 만사에 대한 만성적인 긴장과 흥분상태는 마치 길을 걸으면서 발자국마다 계속 먼지를 일으키는 것과 같은 분위기를 정신에서 만들어낸다. 모든 사람이 자신만의 특정한 먼지를 일으키고, 동시에 다른 모든 사람도 자신의 먼지를 내며 살아가는 것처럼 보인다.

우리는 자신과 남들이 일으키는 먼지로 정신적인 면에서 숨이 막혀 있거나 재채기를 하며 살고 있다. 먼지를 일으키는 습관이 있는데, 어떻게 삶에 대한 명료하고 넓은 시야를 얻을 수 있겠는가? 우리는 시야를 넓히기보다 시야를 전혀 확보하지 못하는 상태에 있다. 이 먼지가 가라앉을 때까지 우리는 넓은 시야를 갖지 못할 것이다.

잊어버리고, 잊어버리고, 또 잊어버릴 것이다

● 생각해볼 만한 좋은 주제가 하나 있다. 어떻게 살아야 하는지 알게 되어서 자신의 먼지를 가라앉히면, 이러한 삶의 습관이 다른 사람들의 먼지로부터도 자신을 명료하게 유지해준다는 사실이다. 이뿐 아니라, 자신의 먼지로부터 자유로울 때 다른 사람들이 우리에게 먼지를 일으키더라도 타인에 대한 우리의 시야를 방해받지 않는다. 우리는 그들이 일으키는 먼지를 통해 사람들을 본

다. 우리는 자신을 둘러싸는 먼지가 어떻게 스스로 혼란스럽게 만들며, 발전에 장애가 되는지 본다.

먼지가 이는 곳에서 당신은 그 무엇도 명료하게 식별할 수 없다. 먼지가 없는 곳에서 당신은 먼지를 식별할 수 있고, 세상을 볼 수 있다. 그러므로 몸과 정신, 영혼의 상식을 따르고 그 원리를 삶에 적용하는 법을 배울 때 가장 필요한 점은 고요해지는 것, 그리고 먼지를 가라앉히기 위해 고요함을 오래 유지하는 것이다.

아마 당신은 이미 바르게 식사하는 법, 호흡하는 법과 운동하고 휴식을 취하는 법을 알고 있을지 모른다. 그러나 일상생활에서 일어나는 흥분의 먼지는 이러한 지식의 효용을 현저하게 떨어뜨린다. 당신은 계속해서 잊어버리고, 잊어버리고, 또 잊어버릴 것이다. 더 나은 삶의 필요성을 절감하는 순간, 당신은 삶의 법칙들에 따라 살아가겠다고 결심하고 몇 주, 또는 몇 달을 꽤 잘해나갈지 모른다.

그러나 신체적으로 더 건강해진 느낌에 따라 당신은 다시 흥분 상태로 빠져든다. 그래서 미처 알아차리기도 전에 당신은 이 세상의 먼지 안에 파묻힌다. 이는 당신의 좋은 결심을 뒷받침해줄 배경 지식을 갖추지 못했기 때문이다. 당신은 고요함을 발견한 적도 없으며, 이해하지도 못했다.

한 지혜로운 어머니가 자신의 아이들이 다른 아이들과 재미있게 놀고 있는 시끌벅적한 어린이집에 아이들과 시간을 보내러 왔다. 어머니는 모든 아이가 매우 흥분된 상태로 놀고 있지만, 두세 명은 유치한 놀이에 재미를 못 붙이는 걸 눈치챈다. 그래서 이 아이들이 어수선한 어린이집의 분위기로 머리가 복잡한 상태라는 걸 알아차린다. 이 지혜로운 어머니는 무엇을 할 것인가? 아이들이 만들어내는 소음에 그들을 꾸짖고, 화를 내며 자신의 먼지를 더할 것인가?

물론, 답은 '아니올시다'이다.

그녀는 자신이 할 수 있는 즐거운 방식으로 아이들의 관심을 집중시킨다. 이윽고 아이들이 관심을 갖고 모였을 때, 그녀는 고요한 상태에서 '바늘이 떨어지는 소리를 들을 수 있는지' 물으며 아이들을 집중시킨다. 그럼 곧 아이들이 듣는 것에 관심이 생긴다. 처음엔 존이나 제인이 살짝 움직이느라, 바늘이 떨어지는 소리를 듣지 못할 수도 있다. 어머니는 우리가 이렇게 조용해서 바늘 떨어지는 소리를 들을 수 있는 게 얼마나 즐거운 일인지 이야기한다.

바늘을 두 번째 떨어뜨렸을 때는 또 무언가가 방해를 했다. 그러나 세 번째 시도에서는 아이들이 굉장히 집중한 상태여서 아주 섬세한 소리도 뚜렷하게 들었다. 심지어 잘 듣지 못한 아이들이 그 어머니에게 한 번만 더 해달라고 간청하기까지 한다. 놀이를 약간 바꾸거나 이야기를 해줌으로써 어린이집의 먼지는 가라앉았다. 덕분에 어머니는 고요하고 행복한 아이들을 남겨두고 어린이집을 떠날 수 있었다.

집을 지으려면 벽돌을 하나씩 쌓아올려야 하듯

● 이제 평범한 상식에 따라 행복하고 건강하게 살아가고자 하는 사람은 겸손히 이 어린이집의 상황에 자신을 넣어서 고요해지는 법을 배운다고 생각해보라. 고요함은 우리를 밝고 따뜻하게 해주고, 시야를 넓혀준다.

우선, 몸을 고요하게 한다는 측면을 고려해보자. 소화불량은 우리를 불안하게 만든다. 그러므로 우리는 건강한 음식을, 적절한 양만큼 고요히 먹어야 한다. 질 나쁜 호흡과 혈액순환 또한 우리를 불안하게 만든다. 그러므로 우리는 폐가 맑은 공기 안에서 최대한 확장될 수 있는 법을, 그래서 혈액에 충분한 산소가 공급되는 법을 배워야 한다.

또 호흡은 뇌로 가는 혈액순환에 직접적인 영향을 미친다. 고요하고 리듬감 있게 호흡을 하면 혈액이 방해 없이 자유롭게 흐르고, 이는 뇌와 온 신경계를 고요하게 만든다.

운동 부족은 우리를 불안하게 만든다. 왜냐하면, 운동은 혈액에 산소를 공급하고 혈액순환을 돕기 때문이다. 혈액순환 저하는 신경계에 압박을 준다. 그러므로 평소 적절한 운동을 하는 것이 중요하다. 휴식을 원하는 건 우리를 특히 불안하게 만든다. 그러니 필요한 만큼 쉬고, 최선의 방식으로 휴식을 취해야 한다.

이런 모든 조건을 한 번에 충족하리라고 기대할 수는 없다. 그러나 그걸 목표로 삼을 수는 있다. 매일 이러한 목표에 주의를 집중해서 '건강한 몸에, 건강한 정신'이라는 기준을 채울 수 있다. 소란이 가라앉으면 행복하고 놀라운 삶의 전망이 우리 앞에 열린다. 우리는 잃어버렸던 힘과 즐거움을 회복한다.

정신의 먼지를 가라앉히고 고요함을 얻기 위해 우리가 실질적으로 어떤 노력을 할 수 있을까. 작은 것에서부터 시작해야 한다. 작은 시작은 늘 크고 확실한 결과로 이어진다. 그뿐 아니라, 목표에 도달하기 위해 작은 것에서부터 시작할 때 우리는 지름길이나 마법 등을 갈구하지 않아도 된다. 집을 지으려면 벽돌을 하나씩 쌓아 올려야 하듯, 진정한 목표에 도달하려면 필요한 단계를 한 발짝씩 확실히 밟아야만 한다.

우리가 내딛은 첫걸음은 먼지를 가라앉히는 것이다. 하루에 30분은 아무것도 하지 않는 시간을 가지자. 처음 10분은 불쾌하다고 느낄지도 모른다. 그다음 10분은 아마 끔찍하게 느껴질 거다. 그러나 마지막 5분쯤이 되면 우리는 고요함을 되찾는다. 설사 먼지가 완전히 가라앉지는 않더라도 휘몰아치는 것은 멈출 것이다. 그러고 나면 우리가 처음 이걸 시도할 때 고요하게 보였던 것들도 소란스럽고 정신없어질 거다.

누군가는 하루에 30분간 아무것도 하지 않는 게 바보 같은 짓이라고 말할지도 모른다. 또는 다음과 같이 질문할지도.

"자연은 진공을 싫어하는데, 어떻게 아무것도 안 하고 있을 수 있겠어요? 정신은 생각하거나, 궁리할 텐데 말이죠."

아일랜드 사람의 말로 답을 하자면 이렇다.

"안심하시오. 당신이 안심할 수 없다면 할 수 있는 한, 안심하시오!"

하루
30분의
마법

할 수 있는 한, 아무 일도 하지 마라. 무언가를 생각하기 시작하면, 그것을 내려놓아라. 가만히 있지 못하고 더 지속할 수 없겠다고 느낀다면 이완하고 고요해지라. 아무것도 하지 않고 정신에서 일어나는 모든 일을 내려놓는 것을 지속하며, 다음 단계로 나아가기까지는 많은 시간이 필요하다. 정신의 모든 것을 내려놓기 위해 30분을 투자하는 건 쉽지 않은 일이다. 정신은 온갖 것들에 관한 관심과 저항감으로 가득 차 있기 때문이다. 게다가 누군가의 마음은 원망으로 가득 차 있기도 하다.

하루에 30분은 아무것도 깊이 숙고하지 않는다고 자신과 약속해야 한다. 걱정하는 무언가가 떠오른다면, 그것을 숙고하는 것을 거부하라. 어떤 사람이나 상황에 대한 원망이 떠오르면 그것을 생각하는 것을 거부하라. 말하는 것이 행하는 거보다 훨씬 쉽다는 걸 안다. 그러나 부디 이것을 기억하길 바란다. 단지 30분에 불과하다는 사실을.

30분 동안 그 어떤 것도 숙고하기를 거부하라. 고요히 앉거나 누워 그 무엇도 진지하게 생각하지 않는 법을 배워라. 그다음 단계는, 30분간 길고 편안하며 부드럽게 호흡한다고 차분히 생각하는 것이다. 호흡과 함께 휴식하라. 부드럽고 편안한 호흡에 대해 학습하면서 자신의 내면을 고요하게 하고, 진정시킬 수 있다. 이건 학습을 해야만 하는 것이다. 숨을 부드럽게 들이마시고, 그와 같이 부드럽게 내쉬며, 숨이 차차 길어지게 놔두라.

여러 날 부드럽고 긴 호흡을 하는 30분의 짬을 가진 이후, 우리는 호흡을 리듬감 있게 할 수 있다. 숨을 들이쉬며 5에서 10까지 숫자를 세고, 숨을 내쉬며 5에서 10까지 수를 센다. 꾸준히 30분간 호흡을 더 고요하고 부드럽게 하며, 호흡에 들어가는 노력을 계속 줄여나가 공기가 자연스럽게 들어왔다 나갔다 하도록 놔두는 걸 연습하라.

충분하고 활기찬 호흡을 위해 우리가 얼마나 적은 노력이 필요한지 발견하는 것은 매우 멋진 일이다. 매일 이렇게 30분 동안 호흡을 연습하는 것은 매 순간 호흡을 리듬감 있게 하는 습관을 형성하는 데, 도움이 될 것이다. 또 리듬감 있는 호흡은 신체를 건강하게 만들어 정신의 고요함으로 이어진다.

깊은 호흡과 동시에 각각의 팔을 어깨로부터 천천히, 그리고 무겁게 들어 올렸다가 팔이 마치 죽은 듯 온전한 무게로 툭 떨어뜨려라. 팔꿈치의 긴장 없이 팔이 휴식하고 있음을 의식할 때까지 멈추는 연습을 더 할 수 있다. 이 모든 것은 신체와 관련이 있는 것처럼 보인다. 하지만 사실 정신적 먼지, 도덕적 먼지에 대한 것이기도 하다. 고요함을 위한 몸의 동작은 육체를 정신과 의지의 더 나은 도구로 만드는 데 도움을 주기 때문이다.

집중력을 높이는 비밀

● 고요한 육체가 작은 자극에도 반응하는 불안하고 동요하는 정신을 담고 있다면 아무런 쓸모가 없다. 이 경우 수동적인 상태의 고요한 신체는 먼지를 일으키기를 원하는 정신에 더 반응하는 도구가 될 뿐이다. 정신을 고요하게 하는 최선은 계속 집중하는 연습을 하는 것이다. 우리는 의자에 고요히 앉거나, 바닥에 고요히 누워 아무것도 하지 않으면서 집중하는 법을 배울 수 있다.

"고요하고, 고요함을 유지하라."

이것이 집중의 방식이다. 그리고 유익함을 얻기 위해 아무것도 하지 않는 법을 배우는 길이라 할 수 있다. 우리는 고요한 호흡에, 호흡을 압박 없이 부드럽게 꾸준히 하는 데 집중한다. 이 연습을 시작할 때 압박감과 감정 없이 고요한 정신으로 집중해야 한다. 마치 가까이에 있는 새에게 겁을 주어 날아가 버리지 않도록 말이다. 이 새가 다음에 무슨 일을 할지, 가만히 관찰하고 있는 듯 주의를 기울여야 한다.

이것이 진정으로 집중력을 높이는 비밀이다. 첫째는 집중에 방해되는 모든 것들을 내려놓는 것. 둘째는 감정의 방해 없이 쉽게 집중하는 법을 배우는 것. 사실 둘 다 같은 얘기다. 우리를 방해하는 모든 것들을 내려놓는 훈련을 한다면, 우리는 조금씩 긴장감을 내려놓고 이완되어 집중할 수 있다.

그러나 근심과 걱정, 저항과 원망, 온갖 짜증으로 가득한 소란스러운 정신은 우리의 손에 놓여있지 않은 문제들로 계속 씨름한다. 혹은 문제들이 자신의 한계를 벗어나 있다는 사실에 불평하고 초조해하고, 당황해한다. 이렇게 자신이 일으키는 짜증으로 어지럽혀진 텁텁한 정신은 원인이 아닌 결과다. 먼지를 일으키는 비합리적인 자신의 방식을 계속 고수하는 것이 이 문제의 원인이다.

고요한 의지, 모든 응급 상황에서도 고요함을 유지할 수 있는 의지는 '나'의 의지가 아니다. 갈망하는 나, 제멋대로 하려고 고집을 부리는 나, 제멋대로 하지 못해 비틀리고 몸부림치는 이 모든 '나'가 먼지를 일으키는 것이다. 신의 의지는 고요하다. 우리는 성장하는 나무와 꽃에서 그것을 본다. 또 별들의 움직임에서도 그것을 확인한다. 우리는 경이로운 자연의 과학 법칙 안에서 신의 정신을 볼 수 있다. 우리가 스스로 고요할 때, 우리는 만물과 만인에 대한 신의 사랑을 보고 느낀다.

정신의 먼지가 가라앉기를 바란다면, 몸을 고요하게 해야 한다. 정신의 고요함을 방해하는 모든 방해물을 내려놓아야만 한다. 제멋대로 하고자 하는 갈망을 포기해야만 한다. 자아 너머에 헤아릴 수 없는 신의 뜻이 존재한다. 우리가 고요히 신에게 순종하는 연습을 한다면, 그는 우리가 알아야 할 만큼 그 뜻을 드러내 보일 것이다. 또 쓰임에 준비되도록 우리를 인도해주실 것이다.

신성한 뜻의 인도를 받아 고요한 몸에 고요한 정신이 깃들게 된,

가장 완벽한 사례는 예수의 인격에서 찾아볼 수 있다. 그의 말과 삶을 공부하면서 우리는 예수의 힘을 깨닫는다. 그리고 그의 맑고 명료한 분위기를 이해한다. 우리는 그의 분위기가 고요함으로 가득 차 있는 것을 보고 느낄 수 있다. 그는 이제껏 모든 인간이 겪었던 고통과 시험을 모두 대면하고 정복했다.

이렇게 자신의 내면에서 먼지를 가라앉혀 고요함을 발견하기 시작해보라. 마음에 진정한 순종과 신뢰가 있다면 어떨까. 고요히 아무것도 하지 않는 것을 배우는 단순한 연습에서도 삶의 본질을 발견할 수 있다. 삶의 본질이란 결국 삶이 우리 자신의 것이 아니라, 신에게서 오는 것임을 인식하고 사랑하며 아는 것이다.

우리 중 몇몇은 이렇게 시작할 동기를 가지지 못한다. 이 작업을 시작한다면 몇몇 이들은 단지 고통으로부터의 해방되고 싶어서일 수 있다. 또는 먼지가 일지 않을 때 더 큰 힘이 존재한다는 것을 자각했기 때문일 수도 있다. 그러나 우리가 신성에 더 잘 순종하기 위해 자아의 의지를 내려놓으려는 욕망이 없다면 그 누구도 이러한 먼지구름으로부터 안전하지 못하다. 노력하며 천천히 결과를 얻는 것에 만족한다면 어떨까. 실수에 의기소침해지기보다 그것으로부터 배우려 한다면 또 어떨까. 우리는 나날이 밝고, 따뜻하고, 건강해질 것이다.

29
일상의
평범한 상식

● 평범한 상식! 우리가 삶을 건강하고, 안정적이고, 흥미롭게 살아가기 위해 첫째로 필요한 것은 평범한 상식이다. 과학이든, 예술이든, 일상의 삶에서건 어떤 문제를 해결하려 할 때는 원의 중심으로부터 움직이라는 말이 있다. 앎에서 미지로, 가장 단순한 사실에서부터 복잡한 것으로 움직이라는 뜻이다. 삶이 조용하고 평범하든, 매일매일 변화와 모험으로 가득 차 있든, 삶에서 변함없는 가치를 유지하는 것은 삶의 배경이 되는 일상의 평범한 상식이다.

멈추어 잠시 생각해보길. 이러한 특성이 사라지면 금세 눈에 띈다. 주의를 기울이는 사람이라면 그 결여를 언급할 것이고, 삶에서 이

결여를 채워야 한다는 사실을 인식할 것이다.

예를 들어, 우리가 잘 휴식한 상태에 있어야 한다는 것은 평범한 상식이다. 그러나 이런 상식을 실천하는 사람은 얼마 되지 않는다. 많은 독자가 이 구절을 읽으면서 웃거나, 조소하거나 짜증 내며 이렇게 말할지도 모른다.

"말이야 쉽지. 그런데 해야만 하는 일들, 신경 쓰이는 일들, 염려되는 일들이 가득한데 그렇게 하는 게 가능하냔 말이지."

"어떻게 그것이 가능하냐고?"

소수의 사람만이 삶의 가치를 유지하는 법을 안다. '바쁜데도 충분히 휴식을 취한 상태로 살아가기'라는 과목을 학교에서 가르쳤다면 어떨까? 아이들이 성장하며 점점 더 바빠지는데도 이 평범한 상식이 머릿속에 남아있을 거다. 그래서 적당한 습관을 발견하여, 바쁘면서도 동시에 평온하고 휴식을 취한 상태로 살아갈 수 있도록 할 것이다.

이 나라 전체에 건강한 삶의 방식과 습관이 자리 잡는다면 그건 또 얼마나 멋진 변화라고 할 수 있을까. 이러한 변화는 아이들에게 휴식을 잘 취한 상태로 살아간다는 아주 평범한 상식을 실용적인 방식으로 가르치는 것에서 시작할 것이다.

오늘날의 교육은 학생이 흥미롭고 유용한 정보를 받아들여 사용할 그릇을 키우기보다, 그저 정보 자체만을 전달하는 데 있는 것 같아 보인다. 건강한 소화기관이 받아들인 음식을 완전히 소화하고 흡수해서 몸에 힘을 제공하는 것처럼, 정신이 흡수한 것도 완전히 소화되고 흡수되어 우리에게 힘을 제공해야 하는 것이 아닐까?

나는 이러한 능력을 계발하는 것이 학습하는 내용의 구체적인 사용과 적용법을 가르치는 것에 뿌리를 두고 있다고 생각한다. 물론 오늘날의 교육은 50년 전과 비교해 훨씬 나아졌을지 모른다. 그러나 이러한 교육이 얼마나 더 필요한지, 젊은이들이 얼마나 지성적인지 보려면 젊은이들의 정신을 시험해보면 된다.

윤리학을 예로 들어보자. 학교에서 윤리학을 학습한다고 해서 얼마나 많은 학생이 더 사려 깊고 배려심 있는 사람이 되는가. 이 외에 윤리학을 배우는 쓸모가 또 뭐가 있겠는가. 젊은이들이 윤리학의 참된 원리를 소화하고 학습하여 그 원리를 적용한다면 윤리학 수업은 학생들의 삶에서 엄청난 변화를 불러온다. 그리고 부모님과 친구들은 틀림없이 이러한 변화에 놀라워하고 기뻐할 것이다.

현재 학교에서 윤리학을 가르치는 방식으로 '충분한 휴식을 유지하기' 과목을 가르친다면 어떻게 될까. 쉰다는 개념을 소화하고 흡수하여 일상에서 활용되는 것이 아니라, 학생들의 정신에 소화되지 않은 덩어리로 남아 조금씩 증발해 버리거나, 농담거리가 될 것이다.

많은 아이가 자신이 배운 것에 대해서 하나도 모르는 듯 살아가는 것이 그것을 증명한다. 그러나 다시 반복하건대, 휴식 상태를 유지

하는 습관을 들이는 방법에 대한 실질적인 교육이 학교에서 이루어
진다면 멋진 일이 일어날 것이다. 유전성 질환의 발병을 예방한다는
개인적인 측면은 굳이 언급하지 않더라도, 국가 전체에 아주 멋진 영
향을 끼칠 거다.

무엇을, 어떻게 먹어야 하는지 알아내는 것은 쉬운 일이다

● 자연은 언제나 건강을 지향한다. 그 지향
성이 매우 강하고, 항구적이다. 그래서 자연의 법칙이 작동하는 것은
건강에 반하는 만성적인 적의에 차 있는 듯한 사람들도 건강으로 밀
어 넣는 것처럼 보인다. 건강에 대한 완고한 거부에도 자연은 그렇게
기능한다고 말할 수 있겠다.

우리 몸이 휴식을 취하는 상태를 유지할 때, 자연은 계속해서 병
균을 제거한다. 완전한 건강을 훼방하는 모든 것들로부터 몸을 보호
하기 위해 가장 활발하게 기능한다. 그러나 신체가 휴식에서 벗어났
을 때, 자연은 그만큼 힘들게 일한다. 긴장과 혈액순환의 장애로 피로
해진 몸은 음식과 산소의 흡수를 방해하고 자연의 기능을 방해한다.
이는 자연이 신체가 순조롭게 기능하도록 돕는 것을 불가능하게 한
다. 우리가 바르게 휴식을 취하지 않으면 피곤함은 우리를 더더욱 피
로하게 할 뿐이다.

이 세상에 존재하는 피로의 상당 부분은 우리가 휴식 상태를 어떻게 유지할 수 있는지 몰라서 생긴다. 이런 이해의 결여와 무지가 더 자라날수록 국가의 건강은 더 악화할 것이다. 우리는 할아버지와 할머니 세대보다도 평범한 상식에 더 무지하고 지혜가 부족하다.

그러나 삶이 과거보다 더 복잡해졌기에 우리에겐 예전보다 지식이 더 필요하다. 현재 우리는 부모 세대보다 위생학에 대한 더 많은 이해를 갖춘 시대에 살고 있다. 그렇기에 원하기만 한다면 더 많은 지식을 얻을 수 있다. 현재 우리에게 필요한 것은 이러한 정보들을 실제로 사용하고, 아이들에게 지식의 실질적인 적용법을 가르치는 것이다.

편안한 휴식 상태로 일을 하는 데 평범한 상식을 적용하는 법을 살펴보도록 하자. 휴식 상태를 유지하기 위해서 우리는 몸의 안과 밖에서 과로하지 말아야 한다. 활동과 휴식의 균형을 유지해야 한다. 상한 음식을 먹거나, 과식하거나 또는 적절한 영양분을 충분히 섭취하지 못했을 때 우리는 몸의 안에서 과로를 하는 셈이다. 위장은 자신이 해야만 하는 일보다 더 많은 일을 해야 한다. 이렇게 소모되는 노력은 뇌와 신경계의 에너지를 빼앗아 몸 전체에 에너지를 제대로 전달하지 못해 굉장한 피로가 찾아온다.

맑은 산소를 충분히 섭취하지 못했을 때도 우리는 몸을 혹사한다. 신경과 근육이 자기 일을 지속할 수 있으려면 혈액에는 산소가 필요하다. 산소가 혈관으로 충분히 전달되지 않으면 몸은 자신이 낼 힘보다 훨씬 적은 힘을 발휘할 수밖에 없다. 이때 일을 제대로 해내려면 무척 긴장하게 마련이다. 그 결과는 물론, 피로함이다.

앞의 두 사례는 위장의 과로, 그리고 심폐의 과로라고 할 수 있다. 사람들은 걸핏하면 이렇게 불평한다.

"아무것도 하지 않았는데 왜 이렇게 피곤한 걸까?"

거기에 대한 답은 이렇다.

"아니, 당신은 몸의 근육으로만 아무것도 하지 않았을 뿐이야. 심장과 폐, 그리고 위장은 아주 섬세하고 예민한 장치인데 당신은 그것들을 과로시켰어. 이런 과로는 다른 어떤 과로보다도 우리를 더 피로하게 만든다고."

물론, 극도로 지친 위장과 심장, 폐는 뇌도 피곤하게 한다.

뇌를 피로하게 만드는 원인에 대해서는 나중에 얘기하도록 하자. 지금은 몸의 더 건강한 기능방식과 신체 내부의 휴식을 유지할 방법에 관해 얘기해보자.

우리가 무엇을, 어떻게 먹어야 하는지 알아내는 것은 쉬운 일이다. 조금만 주의 깊게 생각한다면 쉽게 알 수 있다. 필요한 것을 먹어야 한다는 것은 평범한 상식이다. 위장이 피로할 때 먹지 않아야 한다는 사실도 쉽사리 알 수 있다. 한편, 필요하다면 평상시보다 음식을 훨씬 적게, 천천히 먹어야 한다. 음식을 어떻게 먹어야 하는가에 대한 너무나 많은 좋은 조언들이 있기에, 그 이상 무언가를 더 얘기할 필요는 없다고 느낀다. 이러한 조언들이 없더라도, 조금만 지성적으로 생각해보면 우리가 먹는 음식에 대한 평범한 상식들을 알 수 있다.

우리에게 영양분을 공급하는 것만 먹으면 된다. 그러면 우리는 음식에 호들갑을 떨지 않아도 될 것이다. 음식에 호들갑 떠는 건 단지 위장을 위축시킬 뿐이다. 그건 소화가 잘되지 않는 음식을 먹는 것만큼 소화 작용을 방해한다. 끌리지만 스스로 해가 되는 음식을 거부하고, 영양이 되는 음식만을 섭취한다면 그 풍미를 더 잘 느낄 수 있을 거다. 단것을 너무 많이 먹는 걸 거부해서 식도락의 즐거움을 잃자는 게 아니다. 오히려 우리는 쾌락을 얻는다. 그동안 사람들은 음식의 섬세한 풍미를 즐기는 기쁨을 너무도 많이 잃었다.

불운하게도 대부분 사람은 음식에 대한 즐거움뿐만 아니라, 맑은 공기가 주는 기쁨도 잃어버렸다. 소수의 사람만이 맑은 공기를 원한다. 대부분 사람은 감기에 걸릴까 두려워 창문을 닫아버린다. 맑은 공기를 마시지 않는 것과 맑은 공기를 마시는 것의 차이는 그릇된 음식과 적절한 음식을 적당히 먹는 것의 차이만큼 크다.

그런데 왜 폐에 공급되는 공기의 질은 위장에 전달되는 음식의 질처럼 우리에게 호소력을 지니지 못하는 것일까. 맑은 공기를 마시는 것은 우리가 휴식의 상태를 유지할 수 있는 놀라운 힘을 갖고 있다. 다른 무엇보다도 우리는 아이들에게 가슴을 열고, 호흡을 통해 충분한 산소를 섭취할 수 있도록 가르쳐야 한다. 그래서 그들이 항상 휴식의 상태를 유지할 수 있도록 하는 것이다.

하루 동안 해야 할 일이
마치 한 끼 식사하는 것이 전부인 것처럼

● 이제 몸의 외부에서 휴식을 취한 상태를 유지하는 법에 관해 이야기해보자. 우리는 밤에 잠을 자고, 낮에는 일하며, 다시 긴 밤 동안 휴식을 취한다. 휴식할 시간과 일해야 할 시간은 비슷하며, 하루 24시간 안에서 적절하게 배열되어 있다. 건강할 때 우리에겐 단지 8시간의 수면이 필요할 뿐이다. 우리 몸이 잘 기능할 때 자연은 우리가 16시간의 활동에서 잃어버린 연료를 8시간의 수면으로 보충해준다.

우리에겐 하루 중 3분의 1의 수면 시간이 필요하다. 그리고 하루의 3분의 2 동안 일하고 놀 수 있는 시간이 있다. 규칙적인 수면은 휴식 상태를 유지하는 매우 강력한 힘이다. 따라서 자연스럽게 잠을 자는 방법을 알고, 완전히 휴식을 취한 뒤 상쾌한 기분으로 하루를 잘 보낼 준비가 되어야 한다. 그 상태로 잠에서 깨는 법을 찾아내는 것이 우리가 찾고자 하는 평범한 상식이다.

자연스럽게 잠을 자기 위해서 우리는 하루의 모든 긴장을 내려놓고, 말 그대로 아기처럼 잠자는 법을 배워야 한다. 이렇게 할 때 자연은 우리를 소생시키고, 회복시킨다. 뇌의 생명력을 돌아오게 하고, 일과 놀이에 필요한 힘을 주는 것이다. 일과 중에도 우리는 잠깐의 휴식을 취할 수 있다. 편안하게 앉아 식사하자. 고요하고 편안하게 식사하는 것은 우리에게 영양분을 제공하는 것일 뿐만 아니라, 휴식을 취하는 것이기도 하다.

일의 압박감에 시달리며 긴장하면서 서둘러 식사를 마치는 것과, 하루 동안 해야 할 일이 마치 한 끼 식사하는 게 전부인 양 식사하는 데에는 차이가 있다. 서두르며 많은 음식을 먹는 것보다, 적은 양의 영양가 있는 음식을 조용히 먹고 휴식을 취하는 편이 낫다. 이는 휴식을 유지하는 중요한 요인이다.

일과 중에는 우리가 휴식을 취할 수 있는 의외의 기회들도 많다.
무언가를 기다려야 한다면, 편안하게 앉아 있는 것도 휴식이 된다.
무엇을 해야 하건, 그 사이의 시간을 휴식으로 사용할 수 있다.

우리는 '짬'을 발견할 수 있는 것이다.

우리가 그 '짬'을 유용하고 지성적으로 사용한다면,
이는 단지 우리가 휴식을 유지할 수 있게 해줄 뿐 아니라
일을 더 잘할 수 있게 해준다.

몸은 단지 하인일 뿐이다.

앞에서 내가 언급한 것은 모두 이 '하인'에 대해서다.
하인이 추락할 수밖에 없는 곳으로 주인이 데려간다면
그 하인이 어떻게 건강과 휴식을 유지할 수 있겠는가.
평범한 상식을 실천하는 지성적인 주인은 그의 몸(하인)이
최소한의 에너지 소모로 최대한의 에너지를 낼 수 있도록 잘 휴식하고,
잘 먹으며 호흡하는 방식으로 훈련한다.
그러나 몸의 건강과 힘을 위한 외적인 법칙에
아무리 잘 순응한다고 하더라도,
정신이 이 섬세한 도구인 몸을 원망과 저항으로 뒤틀고 괴롭힌다면
우리는 하인을 건강하게 유지할 수 없다.
정신 이면에 있는 영혼이 자기 뜻을 펴지 못하여
비참하고 불행한 상태이거나,
또는 흥분된 이기주의로 우쭐대는 상태일 때도
우리는 건강을 유지할 수 없다.

신체의 건강을 위한 평범한 상식은 정신의 건강을 위한 평범한 상식을 따르지 않는 한, 아무런 소용이 없다. 정신을 저항감으로 가득 채워 넣는 것은 합리적이지 않을 뿐만 아니라 어리석은 일이다. 저항으로 가득 찬 정신이 몸을 건강하게 유지하려고 노력할 때보다 '건강한 몸에 건강한 정신이 깃들어' 있을 때 건강이 더 잘 유지된다. 그러나 건강한 몸과 정신이라는 행복한 조합도 영혼의 긴강이 뒷받침되지 않으면 영원할 수 없는 법이다.

아이들에게 정신적 저항의 무용함과, 맑은 정신의 건강함에 대해 가르치는 건 얼마나 중요한 일인가. 또 정신을 건강하게 유지하는 데 필요한 평범한 상식을 알려주는 것은 또 얼마나 중요한 일인가.

아이가 수업에 대해 걱정하고 있다면, 그는 수업에서 낙제할 가능성에 저항하는 것이다.

걱정은 배우는 것에 방해가 될 뿐이니, 그 걱정을 어떻게 내려놓는지 알려주자. 그러면 학생은 수업을 더 빠르게 쫓아갈 수 있을 뿐만 아니라, 정신은 더 명료해져 수업에서 다루는 내용을 더 잘 기억할 수 있게 된다.

이와 같은 원리로, 아이들은 서두르고 조급한 느낌이 일의 진전을 방해할 뿐이라는 사실을 배울 수 있다. 서두르는 느낌은 종종 대대로 물려받은 신경성 불안에서 온다. 아이는 훈련을 통해 이를 조율

하는 법을 배워야 한다.

그러나 자신의 삶에서 이러한 평범한 상식을 실천하고 적용하지 못하는 부모들이 어떻게 자식을 가르칠 수 있겠는가? 어떤 아버지나 어머니도 이것을 배우는 데 절대 늦은 때는 없다.

아이들에게 우리도 배우는 과정에 있으며
아이들과 함께 배우기 위해서
우리가 그들을 가르칠 뿐임을
고백할 수 있는 겸손함이 있다면,
그 어떤 아이도 그 겸손을 악용하지 않을 것이다.

이렇게 배우며 성장한 아이들이
성인이 되어 아이를 낳아 가르친다면
세대를 거치며
우리가 얼마나 많은 유익함을 얻을 수 있겠는가!

미래에 그날이 오기를 희망한다.

30
요약

원망을 내려놓고, 건강하지 않은 저항을 멈춰라

어떤 사람이나, 상황이 우리 안에서 원망이나 저항감을 불러일으
킨다면 고요해질 때까지 그 상황과 사람을 무시하도록 하라. 자유란,
단지 원한이나 건강치 않은 저항을 한두 번 내려놓는 데에서 오는 것
이 아니다. 이와 같은 저항을 꾸준히 내려놓을 때 온다.

인간의 신경이 안정되기 위해서는
집중과 이완이 모두 필요하다

이는 마치 원심력과 구심력이라는 두 힘으로 지구가 안정적으로 움직이는 것과 같다. 우리 안에서 건강한 집중과 이완의 습관이 생기면 인식이 명료해진다. 그래서 무엇을 하는 것이 옳은지, 무엇이 도움이 되는지 알 수 있다.

다른 사람에 대한 속박에서 자유로워질수록 사람들과의 관계는 더 행복하고 충만해진다. 우리는 굴레에서 벗어나지 못했던 원인이 어떤 상황이나 다른 사람 때문이 아니라, 자신의 원망과 저항 때문이라는 걸 알게 된다. 우리가 이를 발견하고 꾸준히 이 법칙에 따라 살아갈 때 진실로 자유로워질 것이다. 이리 자유로워지면 우리의 자유 의지를 가만히 놔두면서도 우리를 부드럽게 인도하는 지혜와 사랑에 대한 인식이 분명해지고 그 믿음도 커진다.

직접 경험하기 전에는 그 무엇도 믿지 않는다

우리가 온갖 아름다운 진실을 믿는다고 생각할 수 있겠지만, 삶으로 증명해내지 못하면 그 진실이 어찌 우리 것이라고 할 수 있는가. 진리가 핏속에서 흐르기 전까지 우리는 그것을 진실로 믿는 것이 아니다. 우리는 정신으로 진리를 보아야 하고, 가슴으로 진리를 사랑해야 한다. 그리고 삶으로 진리를 살아가야 한다. 그래야 진리가 진정으로 우리의 것이 될 수 있다.

이 책을 읽으며 곰곰이 생각해보면, 곳곳에 **건강을 낳는 씨앗**이 담겨 있는 걸 볼 수 있다. 같은 원리를 삶의 여러 상황에서 반복하여 훈련하는 연습이 필요하다. 독자가 이 씨앗들을 마음에 새겨두고 삶에서 실천한다면 가슴에서 진리에 대한 사랑이 자라나고, 이 방법들을 적용할 때 항상 효과가 있다는 확신이 생겨날 것이다.

우리의 '자유'가 주변 상황에 좌지우지되지 않는다는 것을 깨닫는 것은 행복한 일이다. 그리고 애정과 지성으로 다른 사람으로부터 자유로워지는 것은 삶에 활력을 준다. 또 인간과 더 실제적이고 가깝게 접촉하도록 해준다. 이것이 진정으로 좋은 영적 교육이다.

예의는 인간에 대한 진정한 사랑이 있을 때 빛이 나는 것이지만, 단지 겉치레에 불과하다면 죽은 것이다. 그리고 내가 아는 한, 자유와 좋은 교육은 전능한 신에 대한 완전하고 의식적인 의존 없이는 지속적일 수 없다.

우리 삶의 여러 단편을 모자이크처럼 보여줘

책 한 권을 번역하다 보면 조금은, 저자에게 빙의되는 현상을 겪곤 한다. 저자의 말과 생각들이 자주 머릿속에 맴돌기 때문일 것이다. 이번 책을 번역하면서 저자가 던진 말들이 내 일상의 여러 모습을 돌아보게 했다. 저자가 제시하는 삶의 방식에 미치지 못하는 내 모습을 발견할 때가 종종 있었다. 그럴 때마다 애니 페이슨 콜이 내게 조언을 속삭이는 듯했다.

취미활동으로 탁구를 하고 있다. 종종 생활체육 탁구 동호인들이 모여 대회나 리그전을 하는 경우가 있었다. 나는 예전부터 탁구 시합 전날이면 쉽게 흥분하는 경향이 있다. 때로는 이런 흥분으로 인해 경기를 치르기도 전에 소진되고, 정작 시합 날에는 차분히 경기를 치르기보다 흥분감에 빠져서 실력을 발휘하지 못할 때도 있었다. 그래서 차분하고 안정적인 마음으로 시합에 임하는 사람들을 보면 멋져 보였다. 페이슨 콜 여사가 책에서 누누이 반복해서 얘기했던 대로 '내가 조금 더 고요한 상태였더라면 좋았을 텐데'라고 후회했다.

최근 환절기에 옷을 얇게 입고 다니다가 감기에 걸렸다. 할 일이 많은데 감기 때문에 도무지 집중되지 않았다. 그래서 처음엔 감기가 빨리 떨어졌으면 좋겠다고 얼마나 조바심냈는지 모른다. 그러다 9장을 읽으며 "이거 완전 내 얘기잖아"라며 웃고는, 조급한 마음을 조금 느슨하게 가지려 노력했다. 여전히 틈틈이 코를 풀고 있지만, 조급한 마음은 내려놓고 편하게 지내는 중이다.

식사 습관을 바꾸는 실험을 해보는 중이기도 하다. 저자가 제안한 아이디어는 음식에 대한 불필요한 저항 없이, 서두르지 않으면서 적당한 양을 맛있게 음미하며 먹는 것이다. 정말 단순하고 쉬운 상식이지만, 실제로 이렇게 밥을 먹기란 꽤 어려운 일이다. 아니, 낯선 일이라고 해야 할지 모르겠다. 서두르고, 필요한 양보다 더 많이 먹으며, 음식을 잘 음미하지 못한 채 먹고 있는 나의 모습을 발견할 때가 많다. 한편, 음식을 꼭꼭 씹어 적당한 양을 맛있게 먹으면 식사가 즐거워지고 동시에 속이 편안하다. 당연한 얘긴데, 평상시 이렇게 살아가지를 않으니 문제다.

평온하게 살아간다는 게 이렇게도 어려운 일이었던가

● 사실 이 책에서 저자가 이야기하는 내용이 별나라에서 뚝 떨어진 신묘한 비책은 아닐지도 모른다. 하지만 곰곰이 생각해보면 분명 자신의 삶을 돌아보게 만들고 적용해볼 만한 상식들이다. 너무 서두르며 살고 있지는 않은가. 평소 불필요하게 목소리를 높이며 말하느라 목을 죄고 있지는 않은가. 다른 사람에게 심리적으로 저항하느라, 정작 내가 해야 할 일에는 전혀 주의를 기울이지 못하고 있지는 않은가. 조금만이라도 시간을 내서 휴식을 취하면 좋은데, 그 조금의 시간이 아까워 계속 피로한 상태를 유지하며 이게 정상이라고 되뇌고 있지는 않은가. 평온하게 살아간다는 게 이렇게도 어려운 일이었단 말인가.

애니 페이슨 콜은 이 책에서 30개의 짧은 글들로 우리 삶의 여러 단편을 모자이크처럼 보여준다. 출간된 지 100년도 넘은 책이지만, 여전히 우리 삶에 유효한 조언들이 가득하다는 데 놀랐다. 어쩌면 몸과 마음이 건강하고 평온하게 살아가는 데 도움이 되는 방안이라는 것들이 꼭 기이하고 특별한 것만은 아닐 수도 있겠다. 등잔 밑이 어둡다고 오히려 우리 삶에 도움이 되는 길은 단순하면서도 평범한 상식들에 있는지도 모르겠다. 물론 이와 같은 평범한 상식들이 우리에게 낯설게 느껴질 수도 있겠지만 말이다.

독자분들이 이 책에서 조금 더 고요하고, 평온한 삶을 위한 몇 가지 힌트들을 얻어갈 수 있다면 번역자로서의 책무는 다한 것이다. 해가 짧아지는 것을 보니, 한 해가 저물어 감을 느낀다. 남은 한 해, 그리고 내년에도 평안한 삶을 살아가시길 바란다.

2019년
10월의 어느 멋진 날에

원성완

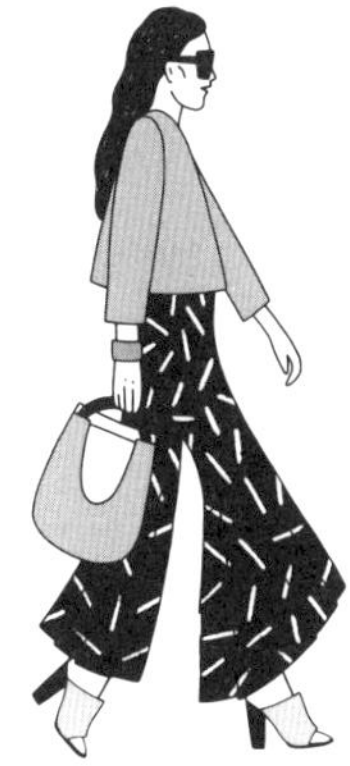

01 멘토를 읽다 : 에세이(마광수 지음)
120×186 | 208쪽 | 값 12,000원 | 2012년 9월 10일 발행

02 별것도 아닌 인생이 : 장편소설(마광수 지음)
135×195 | 544쪽 | 값 13,800원 | 2012년 11월 20일 발행

03 모든 것은 슬프게 간다 : 시집(마광수 지음)
128×205 | 192쪽 | 값 10,000원 | 2012년 12월 30일 발행

04 청춘 : 소설(마광수 지음)
135×195 | 208쪽 | 값 10,000원 | 2013년 1월 30일 발행

05 나의 이력서 : 에세이(마광수 지음)
150×220 | 296쪽 | 값 13,000원 | 2013년 3월 20일 발행

06 상상놀이 : 단편소설집(마광수 지음)
135×195 | 224쪽 | 값 11,000원 | 2013년 4월 20일 발행

07 길천사들의 행복 수업 : 에세이(최복자 지음)
150×210 | 256쪽 | 값 15,000원 | 2013년 05월 20일 발행

08 육체의 민주화 선언 : 인문(마광수 지음)
150×220 | 248쪽 | 값 13,000원 | 2013년 5월 30일 발행

09 2013 즐거운 사라 : 소설(마광수 지음)
135×195 | 200쪽 | 값 11,000원 | 2013년 6월 30일 발행

10 고딩 정원이의 미국 생활 생생 다이어리 : 청소년(최정원 지음)
150×210 | 208쪽 | 값 13,000원 | 2013년 8월 30일 발행

11 가자, 장미여관으로(개정판) : 시집(마광수 지음)
150×210 | 248쪽 | 값 12,000원 | 2013년 9월 24일 발행

12 마광수의 유쾌한 소설 읽기 : 인문(마광수 지음)
150×210 | 280쪽 | 값 15,000원 | 2013년 11월 20일 발행

13 꿈은 말한다 : 인문(테레즈 더켓 지음 / 이사무엘 옮김)
144×210 | 392쪽 | 값 20,000원 | 2014년 1월 17일 발행

14 생각 : 인문(마광수 지음)
150×210 | 344쪽 | 값 20,000원 | 2014년 1월 20일 발행

15 아라베스크 : 소설(마광수 지음)
150×210 | 368쪽 | 값 18,000원 | 2014년 3월 10일 발행

16 행복 철학 : 인문(마광수 지음)
150×210 | 288쪽 | 값 16,000원 | 2014년 5월 20일 발행

17 스물 즈음 : 에세이(마광수 지음)
135×195 | 216쪽 | 값 12,000원 | 2014년 7월 10일 발행

18 미국 교환학생, 알고 보니 쉽네! : 청소년
(최지아, 김유진, 이소미, 신현지 지음 / 정경은 정리)
150×210 | 400쪽 | 값 16,000원 | 2014년 9월 10일 발행

19 마광수의 인문학 비틀기 : 인문(마광수 지음)
150×210 | 240쪽 | 값 13,000원 | 2014년 10월 10일 발행

20 발칙한 꿈해몽 : 인문(조선우 지음)
150×210 | 256쪽 | 값 12,000원 | 2014년 12월 20일 발행

21 인문학, 공항을 읽다 : 인문
(크리스토퍼 샤버그 지음 / 이경남 옮김)
150×210 | 368쪽 | 값 16,000원 | 2015년 1월 20일 발행

22 미국 고등학교 교환학생 100문 100답 : 청소년(손재호 지음)
150×210 | 272쪽 | 값 12,000원 | 2015년 3월 20일 발행

23 우리는 어떻게 북소믈리에가 될까 : 인문(조선우 지음)
150×210 | **256쪽** | **값 12,000원** | **2015년 8월 8일 발행**

24 마크 트웨인의 미스터리한 이방인 : 영미 소설
(마크 트웨인 지음 / 오경희 옮김)
150×210 | **240쪽** | **값 11,000원** | **2015년 9월 9일 발행**

25 인생의 서른 가지 질문에 대한 해답 : 인문
(엘버트 허버드 지음 / 윤경미 옮김)
150×200 | **256쪽** | **값 12,000원** | **2015년 9월 20일 발행**

26 인성아, 어디 갔니? : 청소년(서재홍 지음)
150×210 | **232쪽** | **값 12,000원** | **2015년 10월 20일 발행**

27 미쳤거나 천재거나 : 인문(체자레 롬브로조 지음 / 김은영 옮김)
150×210 (양장) | **568쪽** | **값 25,000원** | **2015년 11월 11일 발행**

28 북유럽 신화, 재밌고도 멋진 이야기 : 인문
(H.A. 거버 지음 / 김혜연 옮김)
153×224 (양장) | **584쪽** | **값 25,000원** | **2015년 12월 12일 발행**

29 우리는 어디에서 와서 누구이고 어디로 가는가 : 인문
(애니 베전트 지음 / 황미영 옮김)
150×210 | **448쪽** | **값 18,000원** | **2016년 1월 11일 발행**

30 어서 와, 이런 이야기는 처음이지? : 인문
(E.B. 폴라드 지음 / 이미경 옮김)
150×210 | **616쪽** | **값 24,000원** | **2016년 2월 22일 발행**

31 바람이 전하는 인디언 이야기 : 인문(찰스 A. 이스트먼 지음 / 김지은 옮김)
150×210 | **288쪽** | **값 13,000원** | **2016년 4월 14일 발행**

32 피곤한 인생에서 벗어나는 13가지 생각의 방법 : 인문
(헨리 토마스 햄블린 지음 / 원혜영 옮김 / 이애영 그림)
150×210 | **256쪽** | **값 15,000원** | **2016년 5월 20일 발행**

33 내가 만난 유령 : 인문(존 켄드릭 뱅스 지음 / 윤경미 옮김)
150×210 | **232쪽** | **값 12,000원** | **2016년 7월 7일 발행**

34 소년, 꿈을 찾아 길을 나서다 : 청소년(김범수 지음)
165×190 | 296쪽 | 값 15,000원 | 2016년 9월 10일 발행

35 요정을 믿지 않는 어른들을 위한 요정 이야기 : 인문
(W. B. 예이츠 엮음 / 김혜연 옮김)
150×210 | 384쪽 | 값 20,000원 | 2016년 10월 10일 발행

36 엉망진창 나라의 앨리스 : 인문(존 켄드릭 뱅스 지음 / 윤경미 옮김)
150×210 | 272쪽 | 값 15,000원 | 2016년 11월 10일 발행

37 권 중사의 독서 혁명 : 인문(권민창 지음)
150×210 | 256쪽 | 값 13,000원 | 2016년 12월 10일 발행

38 운명의 바람 소리를 들어라 : 인문
(헬레나 P. 블라바츠키 / 지두 크리슈나무르티 / 마벨 콜린스 지음 / 스로타파티 옮김)
150×210 | 288쪽 | 값 16,000원 | 2017년 1월 13일 발행

39 생계형 인문학 : 인문(안성민 지음)
150×210 | 304쪽 | 값 15,000원 | 2017년 3월 3일 발행

40 패턴 인식 독서법 : 인문(조선우 지음)
150×210 | 400쪽 | 값 16,000원 | 2017년 4월 10일 발행

41 보이지 않는 세계로의 여행 : 인문
(E. 캐서린 베이츠 지음 / 김지은 옮김)
150×210 | 400쪽 | 값 18,000원 | 2017년 5월 10일 발행

42 삶의 흐름이 춤추는 대로 : 인문(박시현 지음)
150×210 | 304쪽 | 값 16,000원 | 2017년 6월 12일 발행

43 그 약국에 가고 싶다 : 에세이(최복자 지음)
150×210 | 224쪽 | 값 12,000원 | 2017년 7월 10일 발행

44 신화와 미신 그 끝없는 이야기 : 인문
(새뮤얼 애덤스 드레이크 지음 | 윤경미 옮김)
150×210 | 296쪽 | 값 16,000원 | 2017년 8월 18일 발행

45 소로의 메인 숲 : 에세이(헨리 데이비드 소로 지음 / 김혜연 옮김)
150×210 │ **504쪽** │ **값 18,000원** │ **2017년 9월 18일 발행**

46 미국 유학 100문 100답 : 자녀교육 / 미국 유학
(손재호, 김정아 공저)
150×210 │ **312쪽** │ **값 15,000원** │ **2017년 12월 12일 발행**

47 꿈을 읽다 : 인문(김정희, 이호형 공저)
150×210 │ **272쪽** │ **값 15,000원** │ **2017년 12월 15일 발행**

48 내 손 안의 인문학, 꿈의 문 : 인문(글 조선우 / 그림 이애영)
150×210 │ **320쪽** │ **값 16,000원** │ **2018년 2월 22일 발행**

49 블루오션, 꿈의 심리학 : 인문(김정희, 이호형 공저)
150×210 │ **344쪽** │ **값 17,000원** │ **2018년 3월 28일 발행**

50 하우스보트에서의 인문학 게임 : 인문
(존 켄드릭 뱅스 지음 / 윤경미 옮김)
150×210 │ **288쪽** │ **값 15,000원** │ **2018년 5월 10일 발행**

51 언제까지 우리는 '까라면 까!'야 할까? : 에세이(문재호 지음)
150×210 │ **248쪽** │ **값 15,000원** │ **2018년 6월 30일 발행**

52 우리가 인생에서 놓치지 말아야 할 것들 : 에세이
(전인기, 전주영 지음)
150×210 │ **216쪽** │ **값 12,000원** │ **2018년 8월 6일 발행**

53 다시 들려준 이야기 : 영미 소설(나다니엘 호손 지음 / 윤경미 옮김)
150×210 │ **240쪽** │ **값 13,000원** │ **2018년 9월 20일 발행**

54 휴식의 철학 : 인문(애니 페이슨 콜 지음 / 김지은 옮김)
150×210 │ **320쪽** │ **값 16,000원** │ **2018년 12월 4일 발행**

55 우리 신화로 풀어보는 글쓰기 : 인문(최성철 지음)
150×210 │ **424쪽** │ **값 20,000원** │ **2019년 1월 2일 발행**

56 우울해도 괜찮아 : 에세이(문성철 지음)
128×188 | 240쪽 | 값 12,000원 | 2019년 2월 15일 발행

57 출판하고 싶은 너에게 : 인문(조선우 지음)
128×188 | 288쪽 | 값 15,000원 | 2019년 4월 16일 발행

58 우리나라에는 왜 저커버그가 없을까? : 청소년(글 문성철 / 그림 이애영)
150×210 | 208쪽 | 값 15,000원 | 2019년 5월 10일 발행

59 SAT CORE VOCAB 3000 plus : 외국어(Keith Kyung 지음)
148×225 | 464쪽 | 값 25,000원 | 2019년 6월 7일 발행

60 나는 대한민국 역사다 : 인문(최성철 지음)
150×210 | 384쪽 | 값 20,000원 | 2019년 7월 4일 발행

61 피노키오와 함께하는 생각 여행 : 어린이(글 조선우 / 그림 이애영)
150×210 | 304쪽 | 값 16,000원 | 2019년 10월 22일 발행

62 피노키오야, 경제랑 같이 길을 떠나자 : 어린이(글 문성철 / 그림 이애영)
150×210 | 200쪽 | 값 13,000원 | 2019년 10월 22일 발행

63 왜 스미스 여사는 내 신경을 긁을까? : 인문(애니 페이슨 콜 지음 / 원성완 옮김)
150×210 | 280쪽 | 값 16,000원 | 2019년 12월 2일 발행

왜 스미스 여사는 내 신경을 긁을까?
(Nerves and Common Sense)

초 판 1쇄 인쇄 | 2019년 11월 20일
초 판 1쇄 발행 | 2019년 12월 2일

지은이 | 애니 페이슨 콜(Annie Payson Call) • 옮긴이 | 원성완
펴낸이 | 조선우 • 펴낸곳 | 책읽는귀족

등록 | 2012년 2월 17일 제396-2012-000041호
주소 | 경기도 고양시 일산서구 대산로 123, 현대프라자 342호(주엽동, K일산비즈니스센터)

전화 | 031-944-6907 • 팩스 | 031-944-6908
홈페이지 | www.noblewithbooks.com
E-mail | idea444@naver.com

출판 기획 | 조선우 • 책임 편집 | 조선우
표지 & 본문 디자인 | twoesdesign

값 16,000원
ISBN 979-11-90200-03-5 (03190)

이 도서의 국립중앙도서관 출판예정도서목록(CIP)은
서지정보유통지원시스템 홈페이지(http://seoji.nl.go.kr)와
국가자료공동목록시스템(http://www.nl.go.kr/kolisnet)에서
이용하실 수 있습니다.
(CIP제어번호: CIP2019046669)